开封博物馆

梦华之都的文明乐章

丝路物语书系

主编 李炳武

本册主编 曾广庆

西安出版社

图书在版编目（CIP）数据

梦华之都的文明乐章：开封博物馆 / 李炳武主编
. —— 西安：西安出版社，2020.12（2024.4重印）
ISBN 978-7-5541-5098-6

Ⅰ．①梦… Ⅱ．①李… Ⅲ．①博物馆－历史文物－开封－图录 Ⅳ．①K872.613

中国版本图书馆CIP数据核字(2020)第249028号

丝路物语 书系

梦华之都的文明乐章
开封博物馆
MENGHUAZHIDU DE WENMING YUEZHANG
KAIFENG BOWUGUAN

出 版 人：	屈炳耀
主　　编：	李炳武
本册主编：	曾广庆
策划编辑：	李宗保　张正原
项目统筹：	张正原
责任编辑：	路　索
美术编辑：	李南江
责任校对：	卜　源
责任印制：	尹　苗
出版发行：	西安出版社
社　　址：	西安市曲江新区 雁南五路1868号影视演艺大厦11层
电　　话：	（029）85253740
邮政编码：	710061

印　　刷：	三河市华东印刷有限公司
开　　本：	787mm×1092mm　1/16
印　　张：	15.5
字　　数：	140千
版　　次：	2020年12月第1版
印　　次：	2024年4月第2次印刷
书　　号：	ISBN 978-7-5541-5098-6
定　　价：	78.00元

如有印刷、装订问题，本社负责另换。

序一

阅读文物 拥抱文明

郑欣淼

文物所折射出的恒久魅力，已为越来越多的人所认识。今天呈现在读者面前的这部"丝路物语"书系，就是这一魅力的具体体现。

"让收藏在博物馆里的文物、陈列在广阔大地上的遗产、书写在古籍里的文字都活起来。"（习近平语）党的十八大以来，习近平总书记担负着实现中华民族伟大复兴的历史重任，饱含着对传统文化的深厚感情，让文物活起来始终为其所关注、所思考。让文物活起来，就是深入挖掘文物的内涵，充分发挥文物的作用。中国文物是中华民族的文明印记和精神标识，是全体中国人乃至全人类的珍贵财富；它对于激发人民群众对中华优秀传统文化的了解、认同和热爱，坚定文化自信，汇聚发展力量等作用是不言而喻的。

近年来，一些优秀的文物类书籍、综艺节目、纪录片、文化创意产品等不断涌现，文化遗产元素成为国家外交的桥梁，文物逐渐成为"网红"并受到越来越多年轻人的青睐，这些都充分彰显着"让文物活起来"从理念已逐渐转化为行动，那些在历史长河中积淀下来的文物珍存正在不断走近百姓、融入时代、面向世界。

　　说到文物，不能不把眼光聚焦于丝绸之路。人类社会交往的渴望推动了世界文明间的相互交融和渗透，中华文明与亚、欧、非三大洲的古代文明很早就发生接触，相互影响，相互交流。直到1877年，德国地理学家李希霍芬在他的著作《中国——我的旅行成果》里首次提出了"丝绸之路"的概念。近半个世纪以来，随着丝绸之路考古发现和学术研究的不断深入，极大地开阔了人们的视野。特别是"一带一路"倡议的全面推进，丝绸之路研究更成为国际显学。在古代文明交流史上，丝绸之路无疑是极其璀璨的一笔。它承载着千年古史，编织着四方文明。也正因为丝绸之路无与伦比的历史积淀，形成了独特的历史文化遗产，其数量之大、等级之高、类型之丰富、序列之完整、影响之深远，都是世界公认的。神秘悠远的古代城址、波澜壮阔的长城关隘烽燧遗址、精美绝伦的艺术品、气势磅礴的帝王陵墓、灿若星辰的宫观寺庙、瑰丽壮美的石窟寺……数不清道不尽的文物珍宝，足以使任何参观者流连忘返，叹为观止。2014年，"丝绸之路：长安—天山廊道的路网"成功跻身《世界文化遗产名录》，使丝绸之路迎来了新的历史机遇，也对广大文物工作者提出了新的要求。

　　"让文物说话，把历史智慧告诉人们。"这是习近平总书记的谆谆嘱托。中华文化优雅如斯，如何让文物说话，飞入寻常百姓家，是当下无数文化界人士亟待攻坚的课题，亦是他们光荣的使命。客观来讲，丝绸之路方面的论著硕果累累，但从一般读者角度，特别是从当下文化与旅游结合角度着眼的作品不多，十分需要一套全面系统地介绍丝绸之路文物故事的读物。令人欣喜的是，西安出版社组织策划了这套颇具规模的"丝路物语"书系，并由李炳武先生担任主编，弥补了这一缺憾。李炳武先生曾经长期在文物文化领域工作，也主持过"中华国宝·陕西珍贵文物集成""长安学丛书"和《陕西文物旅游博览》等大型文物类图书的编纂工作，得到了业界的充分肯定；加之丛书的作者都是有专业素养的学者，从而保证了书稿的质量。

如何驾驭丝绸之路这样一个纵贯远古到当今、横贯地中海到华夏大地的话题，对于所有编写者来说，都是具有挑战性的。这套书的优点或者说特点，可以概括为以下几个方面：

这套书最大的一个优点，就是大而全。从宏观的视野，用简明的线条，对陆上丝绸之路的博物馆、大遗址进行了全景式梳理，精心遴选主要文物，这些国宝的历史、艺术和科学价值在字里行间一一呈现。

丝绸之路文化遗产类型丰富，作者在文中并没有局限于文物本身的解读，而是根据文物的特点做了大量的知识拓展，包括服饰的流变，宗教的传播，马匹的驯化，葡萄等水果的东传，纸张的发明和不断改进，医学的发展，乐器、绘画、雕刻、建筑、织物、陶瓷等视觉艺术的交互影响，等等。其中既有交往的结果，也有战争的推动。总体而言，这些是讲述丝绸之路时所不可或缺的内容，使读者通过文物认识了丝绸之路丰富的文化内涵。

值得称道的是，这套书采取探索与普及相结合的方式，图文并茂，力求避免学究气的艰涩笔调，加入故事性、趣味性，使文字更具可读性，达到雅俗共赏的目的。通过图书这一载体，能够使读者静静地品味和欣赏这些文物，生发对历史的沉思和感悟，完善自己对文物、丝绸之路和文化的认知。读过这套书后，相信读者都会开卷有益，收获多多，文物在我们眼中也将会是另一番面貌。

我们有幸正处于坚持以人民为中心的改革发展伟大时代，每一件文物都维系着民族的精神，让文物活起来，定会深入人心、蔚为大观。此次李炳武先生请我写序，初颇踌躇，披卷读来，犹如一场旅行，神游历史时空之浩渺无垠，遐思华夏文化之博大精深。兼善天下、感物化人历来是每一个中国知识分子的精神所属，若序言能为一部作品锦上添花，得而为普及民众的文物保护意识起到促进作用，何乐而不为？

是为序。

· 郑欣淼 ·
原中国文化部副部长、故宫博物院原院长、中华诗词学会会长、著名历史文化学者。

序二

丝路物语话沧桑

李炳武

2013年9月，中国国家主席习近平访问哈萨克斯坦时，在纳扎尔巴耶夫大学发表演讲，首次提出共同构建"丝绸之路经济带"的宏伟倡议。2014年6月，"丝绸之路：长安—天山廊道的路网"成功跻身《世界文化遗产名录》。

丝绸之路是世界上路线最长、影响最大的文化线路。丝绸之路是指起始于古代中国的政治、经济、文化中心——古都长安（今西安）连接亚洲、非洲和欧洲的古代陆上商业贸易路线。它跨越陇山山脉，穿过河西走廊，通过玉门关和阳关，抵达新疆，沿绿洲和帕米尔高原通过中亚、西亚和北非，最终抵达南非和欧洲，向南延伸到印度次大陆。这条伟大的道路沟通了中国、印度、希腊三大文明，它是一条东方与西方之间经济、政治、文化进行交流的主要道路，促进了欧亚大陆不同国家、不同文明之间在商贸、宗教、文化以及民族等方面的交流与融合，为人类社会的共同发展和繁荣做出了卓越贡献。

公元前138年，使者张骞受汉武帝派遣从陇西出发，出使月氏。13年中，他的足迹踏遍天山南北和中亚、西亚各地。在随后的2000多年间，无数商贾、旅人沿着张骞的足迹，穿越驼铃叮当的沙漠、炊烟袅袅的草原、飞沙走石的戈壁，来往于各国之间，带来了印度、阿拉伯、波斯和欧洲的玻璃、红酒、马匹、宗教、科技和艺术，带走了中国的丝绸、漆器、瓷器和四大发明，举世闻名的丝绸之路渐渐形成。

用"丝绸之路"来形容古代中国与西方的文明交流，最早出自德国著名地理学家李希霍芬1877年所著的《中国——我的旅行成果》一书。由于这个命名贴切写实而又富有诗意，很快得到学术界的认可，并风靡世界。

近年来，丝绸之路迎来了新的历史机遇，沿丝绸之路寻访探秘的人络绎不绝。发展丝路经济，研究丝路文明，观赏丝路文物成了新时代的社会热潮。中央文化产业发展专项资金资助项目"丝路物语"书系，便应运而生。在本书和读者见面之际，作为长安学研究者、"丝路物语"书系的主编，就该书的选题范围、研究对象、编写特色及意义赘述于下：

"丝路物语"书系，以"丝绸之路：长安—天山廊道的路网"遗产及相关博物馆为选题范围。该遗产项目的线路跨度近5000千米，沿线包括了中心城镇遗迹，商贸城市、聚落遗迹，交通遗迹，宗教遗迹和关联遗迹五类代表性遗迹以及沿途丰富的特色地理环境。共计包括三个国家的33处遗产点，其中吉尔吉斯斯坦境内3处，哈萨克斯坦境内8处，中国境内22处。该遗产项目的线路属丝绸之路东段的重要组成部分，在丝绸之路交通与交流体系中具有独特的起始地位和突出的代表性。它形成于公元前2世纪，兴盛于6至14世纪，沿用至16世纪，连接了东亚和中亚大陆上的中原地区、河西走廊、天山南北与七河地区四个地理区域，分布于今中华人民共和国、哈萨克斯坦共和国和吉尔吉斯斯坦共和国境内。沿线遗迹或壮观巍峨，或鬼斧神工，或华丽精美，见证了欧亚大陆在公元前2世纪至公元16世纪之间人类文明进步的重要阶段，以及在这段时间内多元文化并存的鲜明特色。

"丝路物语"书系，每册聚焦古丝绸之路上的一座博物馆、一处古遗址或一座石窟寺，力求立体全面地展示丝绸之路上的历史遗存、人文故事和风土人情。这是一套丝绸之路旅游观光的文化指南，从中可观赏到汉代桑蚕基地的鎏金铜蚕，饱览敦煌石窟飞天的婀娜多姿，聆听丝路古道上的声声驼铃。古丝绸之路是人类文明的宝贵遗产，记录着社会的沧桑巨变，这也是一部启封丝路文明的记忆之书。

"丝路物语"书系，以阐释文物为重点。文物是中华民族的精神标识。"让收藏在博物馆里的文物、陈列在广阔大地上的遗产、书写在古籍里的文字都活起来。"这对于激发人民群众对中华优秀传统文化的了解、认同和热爱，坚定文化自信，汇聚发展力量不可小觑。

文物是不可再生的国之珍宝，从中可折射出人类文明的恒久魅力。对文化的认同感与归属感应当成为一种生活状态。我们从梳理丝绸之路沿线博物馆馆藏文物、石窟寺或大遗址为契机，从文化的立场阐释文物的历史意义，每篇文章涵盖了文物信息的描述、历史背景的介绍、文物价值的分享和知识链接等板块，在聚焦视角上兼顾学术作品的思想层与通俗作品的故事层双重属性，清晰地再现文物从物质性到精神性的深层转变，着力探讨文物作为一种精神力量对历史的思考。用时空线索描绘丝绸之路的卓越风华，为读者梳理丝绸之路的文化影响，以文物揭示历史规律，彰显更深层、更本质的文化自信，激发读者的民族自豪感。"丝路物语"书系以文物为研究对象，从中甄选国宝菁华，讲述它们的前世今生。试图让读者从中感受始皇地下军团的烈烈秦风，惊叹西汉马踏匈奴的雄浑奔放，仰慕大唐《阙楼仪仗图》的盛世恢宏，这是一部积淀文化自信的启智之作。

"丝路物语"书系，以互动可读为特色。在大众传媒多元数字化的背景下，综合运用现代科技更能推动文化传播的演变进入一个崭新的领域，相契于文字的解读，更透出传统文化的深邃意蕴。为多维度营造文化解读的可能性，吸引更多公众喜欢文物、阅读文物，"丝路物语"书系可谓设计精良，处处体现出反复构思、创新的态度。设计重点关注视觉交流的层面，借助丰富的图像资料和多媒体技术大幅强化传统文化元素可视、可听、可观的直接特征，有效提升文化遗产多维度的观感效果。古人著书立说重字画兼备，"宣物莫大于言，存形莫善于画"，所以由"图书"一词合称。本书系选用了大量专业文物图片，整体、局部、多角度展示，让读者在阅读文字之余通过精美的图片感受文化的震撼与感动，让读者更好地认知历史、感知经典，体验当代创新之趣。

"丝路物语"书系，以弘扬互利共赢的丝路精神为使命。"丝绸之路：长安—天山廊道的路网"在东亚古老的华夏文明中心和中亚历史悠久的区域性文明中心之间建立起长距离的交通联系，在游牧与定居、东亚与中亚等文明交流中具有重要意义，并见证了古代亚欧大陆人类文明与文化发展的主要脉络及若干重要历史阶段以及突出的多元文化特征，是人类进行长距离交通、商贸、文化、宗教、技术以及民族等方面长期交流与融合的文化线路杰出范例。

2000多年前，我们的先辈筚路蓝缕，穿越草原沙漠，开辟出联通亚欧非的陆上丝绸之路。这不仅是一条通商易货之道，更是一条文化交流之路。沿着古丝绸之路，中国将丝绸、瓷器、漆器、铁器传到西方，也为中国带来了胡椒、亚麻、香料、葡萄、石榴。沿着古丝绸之路，佛教、伊斯兰教及阿拉伯的天文、历法、医药传入中国，中国的四大发明、养蚕技术也由此传向世界。更为重要的是，商品和文化交流带来了观念创新。比如，佛教源自印度，在中国却发扬光大，在东南亚得到传承。儒家文化起源于中国，却受到欧洲莱布尼茨、伏尔泰等思想家的推崇。这是交流的魅力，互鉴的成果。这些各国不同的异质文化，犹如新鲜血液注入华夏文化肌体，使脉搏跳动更为雄健有力。古丝绸之路绵亘万里，延续千年，积淀了以和平合作、开放包容、互学互鉴、互利共赢为核心的丝路精神。

新时代、新丝路、新长安。2017年，习近平主席在"'一带一路'国际合作高峰论坛"上指出：古丝绸之路是人类文明的宝贵遗产。为让这些遗产、文物鲜活起来，西安出版社策划出版的"丝路物语"书系，承载着别样的期许与厚望，旨在以丝绸之路的隽永品格对话当代社会的文化建构,以高度的文化自觉唤醒当代社会的文化自信。

我们作为丝绸之路起点——长安的文化工作者,更应该饱含对传统文化的深厚感情,自觉担负起实现中华民族伟大复兴的历史重任,充分运用长安学的最新研究成果,为保护、研究和传承人类文明的宝贵遗产尽心尽力,助推"一带一路"伟大事业的蓬勃发展。

精品力作是出版社的立身之本,亦是文化工作者的社会担当。"丝路物语"书系的出版,凝聚着众多写作和编辑人员的思考与汗水。借此,特别感谢郑欣淼部长的热情赐序;感谢策划人、西安出版社社长屈炳耀先生的睿智选题与热情相邀;感谢相关遗址、博物馆领导的支持和富有专业素养的学者和摄影人员的精心创作;更要感谢西安出版社副总编辑李宗保和编辑张正原认真负责、卓有成效的工作。

"丝路物语"书系的出版虽为刍荛之议、管窥之见,但西安出版社聆听时代声音、承担时代使命,以及致力于激活文化遗产、传播中国声音的决心定将带领其走向更远的未来。

是为序。

> **·李炳武·**
> 陕西省文物局原副局长、陕西省文史馆原馆长、"长安学"创始人、陕西师范大学国际长安学研究院首任院长、三秦文化研究会会长、长安学研究中心主任、著名历史文化学者。

开封博物馆

宋·「大晟·夷则」编钟

- 052 符守诚墓志　陈州符氏　将门世家
- 058 开封府题名记碑　心碑不灭　传诵千古
- 062 宋代人物故事镜与湖州镜　画风转变　不崇华侈
- 068 宋钧瓷三件　自然温润　色彩绚丽
- 074 宋登封窑白釉珍珠地瓷枕二件　白釉珍珠　贡窑珍品
- 080 宋代禁兵官印两方　神虎握权　调兵遣将
- 086 宋红绿彩瓷器　大红大绿　彩瓷渊源
- 092 宋拓《十七帖》　书中之龙　法帖之祖
- 106 宋元磁州窑瓷枕三件　民窑之冠　枕上风雅
- 112 女真进士题名碑　进士题名　碑刻隽永

- 174 清五彩十二月花卉杯　格调高雅　华贵深凝
- 180 雍正仿官窑瓷两件　师古不泥　工艺精湛
- 186 清宫廷漆器三件　百工争巧　千文万华
- 194 清碧玉双兽耳活环炉　端庄肃穆　如琢如磨
- 200 乾隆御制腰刀　天子御制　谁与争锋
- 206 《阮元行书中堂》　行为世重　自成高格
- 210 清铜胎珐琅器　华彩重器　皇宫御用
- 218 清紫檀边框织绣屏风　精雕细琢　巧夺天工

目录

- 001 开篇词
- 002 「梁」字布币　子母相权　新陈通用
- 008 孔惠超石造像　崇佛曙光　佛国重器
- 012 线刻升仙石棺　乘风而行　羽化登仙
- 016 元宝建墓志　德润生民　誉满邦国
- 020 郑胡墓志砖及郑邕墓志　门第清芬　郑姓溯源
- 030 任轨并妻薛氏墓志　石刻珍品　严谨秀丽
- 036 崔沔墓志　俭约自守　王佐之才
- 042 唐三彩抱鸭女俑　斑斓璀璨　盛世奇葩
- 046 「大晟·夷则」编钟　一朝大晟钟　余音八百年

- 118 金代官印三枚　金石有声　古印今观
- 124 颜辉和他的《山水楼阁人物图》　笔法奇绝　八面生意
- 130 明永乐甜白釉暗花纹碗　凝脂甜润　白瓷巅峰
- 134 明永乐青花瓷两件　前古未有　一代奇葩
- 140 明菩萨铜造像　慈悲济世　普度众生
- 148 大顺铜镜　大顺献忠　乱世枭雄
- 152 张弼草书《千字文》　疾如风雨　矫若游龙
- 158 王铎书法艺术　纵横恣肆　神完气足
- 166 傅山草书五言律诗轴　字如其人　书为心画
- 170 何绍基行书七言联　纵逸超迈　醇厚有味

开篇词

丝路物语　开封博物馆

滔滔黄河水，悠悠汴梁情。开封，地处黄河中下游，在其四千余年的建城史中，始终同黄河有着不解之缘，因黄河而兴，也饱受黄河泛滥淹城之苦。在她的地下，上下叠压着3座国都、2座省城及1座中原重镇等6座城池，构成了世界上绝无仅有的"城摞城"奇观。作为八朝古都的开封，先后有夏朝，战国时期的魏国，五代时期的后梁、后晋、后汉、后周，宋朝，金朝等8个朝代相继在此定都，更孕育了上承汉唐、下启明清、影响深远的"宋文化"，成为人口逾百万、"汴京富丽天下无"的国际性大都市，包拯、宋徽宗赵佶等无数历史名人的故事在这里精彩演绎……

如果让我选择，我愿意活在中国的宋朝。

诚如斯言，千载京华，盛世图卷，步入开封市博物馆，一一为你呢喃、为你呈现，同你梦回千年大宋东京汴梁。

"梁"字布币

子母相权 新陈通用

魏武侯死后,内忧外患顿起,最终公子莹登上魏王君位,是为魏惠王(后亦称梁惠王)。国势由乱初定,经济上遭受损失严重,物价上涨,危机重重。魏惠王遂下令在国都安邑,以及黄河以东的晋阳和黄河以西的少梁诸地,增铸二釿布以应时需。

"梁半釿""梁一釿""梁二釿";"梁半币二百当寽""梁正币百当寽";"梁新釿百当寽""梁新二釿五十当寽"以及"梁邑"等是战国时期魏国布币上的铭文,都有一个"梁"字。

战国时期魏国领土中称为"梁"地者有两处:一是少梁,《史记·魏世家》载"(魏文侯)六年(前440)城少梁"可证,位置在魏之河西郡,今陕西省境内黄河西岸;二是大梁,《史记·楚世家》中有"三晋伐我,败我大梁、榆关"的记载,大梁原为楚地,公元前391年始归魏境。根据目前的研究,对于魏国"梁"字布币,多将其统归魏惠王迁都大梁后并于此所铸。但是,对钱文"梁"字的笔画结构和钱文的书写等方面进行排列比较，可以看出其中有明显的不同，故推断"梁"字布币可能于少梁、大梁两地各有铸行。

例如"梁半釿""梁一釿""梁二釿"三种钱币，在"梁"字的笔画上风格相同，均是半圆弧形"⊃"加上"米"组成，而"米"的中间一竖虽与半圆弧相接，但并未穿过半圆弧，且钱文为倒书，"梁"字呈"㲈"形。但钱形方面三者略有差别，"梁半釿"和"梁一釿"为平首平肩圆裆方足，而"梁二釿"为平首圆肩圆裆方足。

考古资料显示，陕西华阴有座战国古城，结合文献资料判断为战国早期的阴晋城。城内发现了丰富的文化遗物，其中就有"梁半釿"。发现的筒、板瓦等遗物均属战国初期，未发现更晚的实物。阴晋，据《史记·魏世家》"（魏文侯）三十六年（前410），秦侵我阴晋"等记载，可证当时为魏地，属河西郡。当时大梁还不是魏国属地，故阴晋城遗址出土的"梁半釿"布币，其"梁"所指的当然不会是尚属楚国疆域的大梁，而应当是少梁。

再看其他五种"梁"字布币，其"梁"字的笔画结构则完全不同于少梁所铸"梁"布币。其"梁"字的上端不是半圆弧而是"⊐"，上一笔平直，第二笔竖左弯，并且下部的"米"中间一竖向上直穿"⊐"而呈"束"形。五种钱文均为正书，以上应该就是大梁铸行布币的特征，在钱文书写方式上与少梁铸币截然不同。

在这五种大梁铸币中，又可分为三个不同时期。

其一，"梁半币二百当寽"和"梁正币百当寽"较早，当始于魏武侯

"梁"字布币

战国（前475—前221）

通高4~6.6厘米

时期。依据是：大梁由楚转入魏地是在公元前391年，即魏武侯（前396年—前370年在位）即位的第五年。当时及以前魏国的币制为二级制——半釿和一釿两级。钱币为铜质"半釿""一釿"布币。楚国的币制为金"爰"和铜贝币。二者在币值上有很大差别。大梁归魏后，由于承袭一定的历史渊源，居民同时使用楚、魏两国货币，从而不可避免地遇到了兑换流通不便的实际困难。为解决这一问题，魏武侯改革币制。当时魏国铜质一釿布的实际价值约等于楚国金"爰"币值的百分之一，以此为比率，大梁开始铸行新币，并在钱文中明确加以标识，把一釿布钱文改为"梁正币百当乎"，规定一百枚一釿铜币可兑换一个金"爰"；把"半釿"布钱文改为"梁半币二百当乎"，以二百枚半釿铜币兑换一个金"爰"。这些新铸行的货币与魏国各地以往铸行的一釿、半釿布币并行使用，从而妥善解决了货币流通兑换问题，不仅有利于社会的稳定，而且促进了商品流通的发展，使大梁迅速成为《史记》所记载的"魏之大梁，秦之咸阳，楚之郢，皆出入大贾小商之地"的繁荣都市。

魏武侯死后，内忧外患顿起，最终公子莹登上魏王君位，是为魏惠王（后亦称梁惠王）。国势由乱初定，经济上遭受严重损失，物价上涨，危机重重。魏惠王遂下令在国都安邑，以及黄河以东的晋阳和黄河以西的少梁诸地，增铸二釿布以应时需，其钱文书写笔画及方式与半釿、一釿布相同，但在钱形上则要求与安邑二釿的钱形一致起来，皆为平首圆肩圆裆方足。在币制方面，形式上变半釿、一釿二级制为半釿、一釿、二釿三级制，但在实际中因半釿币值小应已逐步退出了流通领域，故从实质上看，所实行的三级制是一种变形的二级制，即一釿、二釿两级。

其二，魏惠王六年（前365），国都由安邑迁大梁后，为适应新的需要，魏惠王在大梁铸行"梁新釿百当孚"和"梁新二釿五十当孚"，其钱文中增铸"新"字，以与迁都前安邑和旧釿布相区别，并与安邑一釿、安邑二釿兑换流通。

其三，"梁邑"之"梁"字的书写与大梁所铸布币相同，故推断仍为在大梁铸行，但钱形已变为平首、平肩、平档方足布，为战国晚期流行的式样，又分为大小两种，说明其币值的大大降低，同时又存在着形式上的二级制的内涵。

（张武军）

孔惠超石造像

崇佛曙光　佛国重器

> 它既反映出中国商代发达的酒文化，也体现出了古代工匠高超的青铜器铸造技艺。

佛教自东汉末年从印度传入我国，到南北朝时达到了我国佛教发展史上的第一个高潮。北魏，是鲜卑族拓跋珪建立的政权，也是南北朝时期北朝第一个王朝。佛教的真正盛行，始于北魏开国皇帝拓跋珪时期，世界文化遗产云冈石窟和龙门石窟就是当时佛教信仰盛行的历史见证。可见北魏举国崇佛，佛教盛行的历史盛况，由此也催生了以绘画、雕塑、建筑等为代表的佛教艺术，为后世留下了无尽的佛教艺术珍品。开封市博物馆馆藏的这件孔惠超石造像便是北魏石刻佛像的典型代表。

孔惠超石造像以该尊佛像的供养人孔惠超命名。南北朝时期战乱频繁，生活在水深火热之中的人们把希望寄托于佛陀，捐建寺庙，雕刻并供奉石

孔惠超石造像

北魏（386—534）

背屏通高206厘米，最宽处97厘米，长方形座高27.5厘米，主尊高121厘米造像等行为在当时十分盛行，以示一心向佛之意。孔惠超石造像为莲瓣形背屏式一佛二菩萨三尊造像，石灰岩质。面相长方，大耳贴面，削肩平胸。着双领下垂式通肩大衣，下着长裙，飘逸潇洒。二菩萨头戴宝冠，有桃形火焰纹头光。面相与主尊相同。

　　莲瓣式背屏上端边缘，雕刻华丽，分五层雕刻纹饰，层与层间以细窄带分开。长方形座的正面中部刻一夜叉托举博山炉，左右刻二供养比丘，前有榜题：左为"比丘僧邑师法聪供养时"，右为"比丘僧惠通供养时"。其外侧各刻一供养人像，均头戴小冠，着交领大衣，脚着云头大履，手持莲花面内而立。身后一仆人手捧供物紧随其后。前有榜题：左为"主为上毋西征大将军府长史军主兼中兵参军柳"，右为"七佛光明主郭供养时"。两侧面下部各刻一护法蹲狮，昂首翘尾，髭毛后飘，抬足张口衔忍冬。其后刻荷叶莲花忍冬纹。

　　背屏背面上部刻五脊屋形龛三间，脊上饰鸱吻。中间龛内饰帷帐，内刻交脚弥勒，头戴宝冠，有桃形头光。手施说法印，表现的是弥勒菩萨在上生兜率天宫为众生说法。左右两龛内各刻一供养菩萨。屋形龛外左右各刻一供养人像。周围饰莲花忍冬纹。屋顶上刻四身飞天乘云飘舞，最上端刻一禅定坐佛，有圆形头光与身光相连。屋形龛下正中刻一夜叉托举博山炉，旁饰花蕾忍冬纹。其左刻礼佛图一组，前有榜题两行："开弥勒光明主孔惠超息上父侍佛时。"后有造像记一方，多模糊不清，隐约可见首行记有"年岁在丁十一月廿二日"的纪年。其右刻礼佛图两组，前组刻榜题

孔惠超石造像长方形座

两行"开佛光明主北修武大仕张文兴",后组榜题"都邑中正孔"。其下刻供养人像9排,均头戴小冠,褒衣博带,长裙曳地,脚着云头履,手执莲花面内而立。像旁均有邑子题名,能识者有"唯那孔惠超"等40人。最下排左刻一头大象缓缓行走,象背负莲花宝座,左前方一人手握棍棒赶引,后面一人手握树枝紧随,均着交领短襦长裤。右刻一株菩提树,远处山林起伏。树下一人头梳发髻,着交领短襦长裤,左手下垂,右手上举握树枝,反映的是摩耶夫人怀胎期满回娘家生产,途经蓝毗尼花园顿感腹痛,在一棵大树下手扶树枝生下释迦太子的佛传故事。

孔惠超石造像的珍贵之处在于其背屏后所示的明确纪年,虽字迹脱落,辨识不清,但仍能够推测出此石造像的纪年为北魏孝昌三年(527),是河南现存最完好的北魏造像之一,属国家一级文物。孔惠超石造像具有典型的"秀骨清像"风格,是研究北魏时期社会佛教信仰及佛像艺术史的宝贵文物资料。

(仝留洋)

线刻升仙石棺

乘风而行 羽化登仙

升仙是人们在对死亡恐惧的基础上幻想出来的情景和题材，战国中晚期神仙思想开始发达，到了汉代，茫然的灵魂升天思想逐渐固定为升天成仙的形式。

　　棺是用来装殓遗体的一种葬具，使用历史久远，多为木料制作而成，亦有金属、石材等材质，但数量相对较少。单以石棺而言，据《史记·秦本纪》所载，"是时蜚廉为纣石北方，还，无所报，为坛霍太山而报，得石棺，铭曰：'帝令处父，不与殷乱，赐尔石棺以华氏。'死，遂葬于霍太山"，说明在商周时期就已经存在用石棺丧葬的情况。就目前考古发现来看，石棺的起源可以追溯到新石器时代，在中国的西南地区多有发现，西北和东北地区亦有少量发现。到了汉代，随着厚葬之风的盛行，石棺也发展到了鼎盛时期，出现了雕刻精美的画像石棺，并对后世产生了较大的影响。画像石棺一般由棺身和棺盖组成，棺身为长方形，由前后挡板、

线刻升仙石棺（拓片）

北魏（386—534）
长205厘米，宽74厘米，高90厘米
出土于河南洛阳邙山前海资村（今向阳村）

左右侧壁板和底板组成。棺身及棺盖四周多刻有神话传说、仙道人物、日月星辰和孝子故事等。

开封市博物馆馆藏北魏线刻升仙石棺，由棺盖和棺身构成。其形制呈头宽尾窄的梯形，相对于汉制的长方形棺，这种头宽尾窄的棺制，是流行于鲜卑墓葬中的样式。目前洛阳地区已经发现的北魏石棺，形制基本上都延续了鲜卑的头宽尾窄的特殊制式，这也表明了石棺主人鲜卑人的身份。

石棺棺盖断裂，上部略有残缺。棺身四周有使用减地平雕阴线手法雕刻的精美画像，表现了墓主人夫妇在方士羽人簇拥下徐徐升仙的世俗场景。石棺前挡板刻仙人驾朱雀。左壁板刻男主人御青龙升仙图，其中两位引导羽人持莲居前，一位朝前观路，一位引首回望，做引导状，其后跟随青龙，男主人乘龙而飞，一手持法扇，一手结印，为汉人世家装扮，青龙后方是一位手持扇的仙人导护。石棺后挡板刻一名武士手持利刃，御玄武。右壁板刻女主人乘白虎升仙图，图中同样有两位羽人做引导，女主人一手持法扇，一手持莲，白虎后方是一位仙人导护。男女主人周身云气围绕，四方画像下方山林密布。石棺整体厚重大气，制作精美而不乏严谨法度，画面线条细腻，柔和舒畅，人物造型生动，动物形象栩栩如生。

在北魏线刻升仙石棺上装饰有莲花图案，莲花图案在中国传统艺术中古已有之，早在春秋战国的青铜器上就有莲花装饰，魏晋时期莲花图案的盛行是与佛教的发展紧密相连的。北魏统治者崇尚佛教，下令建造佛像、佛塔、佛寺、佛窟等，佛教艺术得以迅速发展。在佛教的装饰艺术中，莲花是佛国净土的象征，比喻佛教的"常、乐、我、净"四德，是佛教的主要装饰纹样之一。因此莲花形象在画像石棺上的出现，并非是为了填补画面空白而随意勾勒的，而是包含了佛教的象征意义。

另外，值得注意的一点是墓主人的衣着为汉人世家装扮，这反映了在北魏孝文帝改革之后，鲜卑族人对汉文化的吸收和融合。孝文帝时对北魏的政治、经济、文化、社会风俗进行了一系列的改革，服制改革也包括在内。《魏书·高祖孝文帝纪》载，太和十年（486）春，"帝始服衮冕，朝飨万国"。同年夏，"始制五等公服"。随后，服饰改革向民间推广。石棺上墓主人的汉式装扮，也正反映了北魏迁都洛阳后改革措施是得到落实的。

升仙是人们在对死亡恐惧的基础上幻想出来的情景和题材，战国中晚期升仙思想开始发达，到了汉代，茫然的灵魂升天思想逐渐固定为升天成仙的形式。至道教建立，发展到葛洪时，创建了较为系统的神仙道教理论体系。北魏时期道教取得了政治上的合法地位，其思想得到了更加广泛的传播。北魏的升仙石棺，是对汉代画像石的模仿，是在汉代思想的指导下，对汉文化传统的一种恢复。

北魏线刻升仙石棺传承自汉晋文化，纹饰繁复、绮丽，表达了墓主人想要在死后升仙的美好愿望，充满了浓厚的神秘色彩，不仅反映了这一时期儒释道三家思想的融合，也说明了宗教艺术和世俗艺术之间的相互影响、相互吸收，进一步向我们展示了北魏时期这一段特殊的历史风貌。

（刘仁慧）

元宝建墓志

德润生民 誉满邦国

元宝建墓志虽未详细记录其一生所做事迹，但其中所记载的相关背景反映了东魏时期与皇族直接相关的重大政治事件，以及皇室成员在不同政变中受到的巨大冲击和严重影响，为我们了解北魏与东魏的社会状况提供了资料。

开封市博物馆藏东魏元宝建墓志一方，志盖缺。墓志无题，呈正方形。志文正书，凡30行，满行30字，共848字。志文书体以方笔为多，结体端庄匀称，形状略扁，法度谨严，为魏碑的典型代表。志文记录了元宝建的姓名、家世和生平事迹，是研究北魏、东魏历史的重要参考资料。

元宝建，字景植，河南洛阳人。为魏室皇族，曾祖父孝文帝元宏，祖父清河文献王元怿，父清河文宣王元亶，兄东魏孝静帝元善见。卒于兴和三年（541），《魏书》无传。关于元宝建生卒问题，墓志仅书"兴和三年七月九日薨于位"，未载其春秋年寿。元宝建初为"骠骑大将军、开府仪同三司"，次封"光禄勋"，再封"宜阳郡王"，谥封"使持节、侍中、

元宝建墓志

东魏（534—550）
边长79厘米，厚19厘米
河北磁县出土

假黄钺、相国、太保、司徒公、录尚书事、都督雍秦泾渭华五州诸军事、雍州刺史"。

北魏末年皇权衰落，掌握实权的大臣高欢改立元善见为孝静帝，并挟孝静帝及洛阳四十万户迁都邺城，建立东魏。随后在邺西建造"西陵"，元氏皇族死后纷纷葬于此。关于西陵的建造时间、位置等信息，《魏书》中并未做详细介绍。元宝建墓志并未详细记载其葬于何处，仅载"粤以八月廿一日祔葬于文宣王陵之右"。但根据早期出土墓志的相关记载，可判断其出土于河北磁县，由此可见文宣王陵也应在河北磁县。

元宝建墓志出土后，其收藏几次易主。民国学者柯昌泗在《语石异同评》中记载道："东魏北齐志出邺中，亦皆宗戚将吏辈，均出漳河北岸磁县、安阳之间。……邺石出土为数虽远逊于洛阳，然当时多归公有。以书体不如洛石之奇古，时人购求亦不甚力，因之散出者少。初惟元宝建归顾鼎梅，……"顾鼎梅，为民国藏书家、目录学家、金石学家。顾燮光在《河朔古迹图识》自序中记载道："民国三年甲寅（1914）八月迄十年辛酉（1921）三月，燮光馆河南省河北道尹范公幕，编纂《河朔古迹志》。时赴彰德、卫辉、怀庆三旧府各属县，实地调查，若王屋之崔巍，大行之广大……综计八年之久，跋涉廿四县，攀葛扪萝，凿险缒幽，所得仅此而已。"这段自述记载了他在彰德、卫辉、怀庆八年搜集金石之经历。顾燮光先后收集大量金石文物，其中汉至元碑刻达700余种，且多为前人所未著录，其中即包括元宝建墓志。

元宝建墓志后转何日章。何日章，字国璋，河南商城人。1924年，任河南省图书馆馆长。1929年，兼任河南民族博物院（今河南博物院）院长。何日章任职期间收藏汉唐墓志石刻五百余方。1930年，河南省图书馆奉省教育厅令将所藏墓志移交河南省博物馆。1930年4月，何日章因遭到地方军阀的迫害，被迫离开河南到上海。故，元宝建墓志应在1924年至1930年何日章于河南省图书馆和河南省博物馆任职期间收入。至于具体入藏时间，未见有详细记载。

1961年，河南省博物馆从开封迁往郑州，部分石刻移交开封市博物馆，其中即包括元宝建墓志，之后元宝建墓志一直收藏于开封市博物馆。

元宝建墓志所记载的关于其家族的信息确定了墓主人所属北朝皇族谱系，也间接地为我们理清了孝明帝元善见的家族谱系，补充史书未载皇室成员。墓志中虽未详细记录其一生所做事迹，但其中所记载的相关背景反映了东魏时期与皇族直接相关的重大政治事件，以及皇室成员在不同政变中受到的巨大冲击和严重影响，为我们了解北魏与东魏的社会状况提供了资料。

（李　聪）

郑胡墓志砖及郑邕墓志

门第清芬 郑姓溯源

> 透过它，我们似乎可以听到时代进步的足音，感受到中原文化独特的神韵气魄和生命力依然长存的青铜艺术。

开封之名始于郑庄公所筑"启封"城，位于郑国东部边境，自韩灭郑后，郑国宗族避祸散居此地之间，并"以国为氏"，是为郑姓起源，至魏晋时期已发展成为以荥阳为郡望的著名门阀士族，自此以后，凡史书所载郑氏家族中显要人物，几乎皆称"荥阳开封人"，并寻求叶落归根，葬于开封。郑胡墓志砖和郑邕墓志的发现，更为此提供了新的佐证，具有重要的研究价值。

1984年开封宋城考古队在开封故城（启封城）勘察时，曾征得墓志一块，青砖质地，砖正面竖向刻写两行："延昌四年（515）岁在乙未∥开封县郑胡铭"；背面竖行12栏，刻有"大魏太昌元年（532）十二∥

郑胡墓志砖

北魏(386—534)

长36厘米,宽17.7厘米,厚8.8厘米

1984年出土于开封故城遗址

月□□，镇北将//军、银青光禄大//夫、平阳太守郑//君之铭。四祖葬//其中，十七座同时//葬。一祖胡，一祖骥，//一祖□，一祖□。//开封城西门西//二百步，横道//北五十步。//岁次壬子。"墓志砖简陋，刻字粗率，结合当时处于北魏末年各地农民大起义及北魏统治阶级内部混乱、社会动荡的史实，应为仓促埋葬，但从墓志所反映的四祖及十七墓均葬于开封城（启封故城）附近，说明了开封在郑氏族人心目中的特殊地位。

1978年，朱仙镇韩岗村村民于村中取土时从地表以下七米许发现了郑邕墓志。该墓志呈方形，青石质地。墓志两面竖刻有文字，均为魏碑书体。其中一面字迹清晰，碑面平整，保存完好，碑首"大周大象二年岁次庚子十一月廿七日己酉故处士郑君墓志铭"，墓志主人为郑邕；另一面的碑体文字明显经过人为敲凿，多不可识，但从可辨文字来看，有"卫大将军员外散骑常待□□（疑为'吐谷浑'）使主前尚书郎中中书舍人兼黄门郎燕州大中正前持节□□（疑为'浮阳'）太守□（疑为'当'）郡都督开封镇城□□（疑为'下洛'）县开国□□□神……"，以所书书体、碑文格式、官职名称等分析，应基本与郑邕墓志铭同属北朝时期或稍早，故推测乃为郑邕勒刻墓志时沿用了旧碑，并毁之。

该墓志记述了墓志主人为郑邕，字文昭，生于北魏孝明帝神龟二年（519），卒于北周静帝大象二年（580），享年61岁。其祖郑尚，北魏时曾任济州刺史和豫州刺史；其父郑轨，曾任司空长史、散骑常侍、大鸿胪卿和齐州刺史等职，实为历代仕宦、官居要职的显赫家族。郑邕，史书未见记载，按其碑文，应为"玄虚淡泊，与道逍遥"的士人。该墓志书体隽秀，已近隋唐楷书之风，且辞藻清雅，反映了墓主人不追逐名利，崇尚幽娴恬静生活的态度。

此两方墓志均明确记载了墓地以开封城为坐标的地理位置，所蕴含的信息，对于研究郑氏渊源及祖茔等问题，具有重要的价值。

追寻郑氏

郑氏起源

《新唐书·卷七十五上·宰相世系表》中清楚地记载了作为郑氏先祖——郑国的历史，以及郑国被韩国所灭后，郑国王室后裔及贵族为避祸而背井离乡，散居于陈、宋之间，并"以国为氏"，郑氏得姓的由来。另外，文字中也确立了将汉代大司农郑当时作为"荥阳郑氏"这一望族始祖的地位。

"荥阳"与"开封"

在记载古代郑氏的文献或墓志等材料中，经常可以见到"荥阳开封人"的表述。而荥阳和开封二者从当前来看，似乎只是今天河南省的两个地名，无甚联系，但从历史地域归属可得知，二者实为直接隶属的行政区划。开封之名始于春秋时期郑庄公所筑的"启封"城，寓"启拓封疆"之意，是郑国东部边境上的城邑，其东为宋国，南为陈国，北方原是卫国，后属魏国。郑亡国后，郑国宗室、族人避难于陈、宋之间，即当属此地附近，启

郑邕墓志

北周（557—581）
高48厘米，宽58厘米，厚14厘米
1978年出土于开封市朱仙镇韩岗村

封城也因此在郑氏族裔心目中具有了特殊的意义。启封城于秦汉时期已置为县城，西汉时因避景帝刘启讳而更名开封，但此开封非今日之开封。该城至唐睿宗延和元年（712）因县治移入汴州城，成为汴州的附郭县，官吏及邑人随之迁出，故逐渐废弃，后形成村落，名古城村，村名沿用至今，现行政隶属于开封市祥符区朱仙镇，城址尚余部分夯土城墙。至魏晋南北朝时期，设荥阳郡，辖荥阳、开封、密县、阳武、中牟等县，其间虽有短时间改为河南郡或开封郡，但荥阳郡存在的时间更长。故荥阳之于开封实为广义的地域概念，开封才是具体的地望所指。

"荥阳郑氏"望族地位的确立

郑国灭亡后，宗族以国为氏，四散迁徙避祸，并繁衍生息。同时，由于原来的政治地位，使之必然是一个具有较高学识修养的家族，不至埋没，但依族系传承，有确切史料可查的，最早为西汉时期的郑当时。《汉书·郑当时传》载，郑当时于汉武帝时官至大司农，"昆弟以当时故，至二千石者六七人"。且传承到十余世，仍代代有高官、名人，说明迁徙到开封的这支郑氏后裔人才辈出，地位显赫，已成为郑氏宗族中的核心代表，也为逐渐发展成为门阀望族奠定了坚实的基础。魏晋是门阀士族的形成发展时期。曹魏后期，尤其到了晋朝，"唯材是举"的制度发生了极大变化，主要是由于中正官一职多为世族门阀出身的官僚所把持，故这一制度成为他们培植门阀势力的重要工具，出现了"上品无寒门，下品无势族"的局面，从而加速了士族制度的形成。而士族为标榜自己的门第尊贵及血统纯正，皆以本族发迹时居住地所属的郡，加上本族姓氏，合为郡望，以此表示自己是某一地域的名门望族。由此，自晋设荥阳郡，凡开封的郑氏后裔，甚至从开封迁至他地的郑氏子孙，在自己的"履历表"（如墓志等）上都会荣耀地标注"荥阳开封人"。这也说明了"荥阳郑氏"是由开封郑氏这一支发展形成的著名郡望。至于为何不称"开封郑氏"，则因当时的社会习俗使然罢了，否则就会出现将"郡望"这一名词称为"县望"的历史玩笑了。郡望的作用，至隋唐因科举制的实施而逐步减弱，但为表示怀亲念旧、寻根觅祖的感情，其名称沿用至今。

荥阳郑氏"四祖"

接上文所引《新唐书·宰相世系表》，"穉生御史中丞宾，宾生兴，字赣，莲勺令。兴生众，字仲师，大司农。众生城门校尉安世，安世生骑都尉綝，綝生上计掾熙，熙二子：泰、浑。浑，魏少府大匠。浑生崇，晋荆州刺史。崇生遹，遹生随，扶风太守。随生赵侍中略，略六子：靬、豁、渊、静、悦、楚。豁字君明，燕太子少傅、济南公，生温，温四子：涛、晔、简、恬。涛居陇西。晔，后魏建威将军、南阳公，为北祖。简为南祖。恬为中祖。晔生中书博士茂，一名小白，七子：白麟、胤伯、叔夜、洞林、归藏、连山、幼麟，因号七房郑氏。大房白麟后绝，第三房叔夜后无闻。"这段文字记述了郑氏自郑当时以下的二十一世族系，及西祖郑涛、北祖郑晔、南祖郑简、中祖郑恬的荥阳郑氏"四祖"。其中除西祖郑涛一支远居陇西默默无闻外，其他"三祖"在政治和社会舞台上都有较为突出的地位。

荥阳郑氏祖茔何在

自韩灭郑后,郑国宗族"以国为氏",是为郑姓起源。但真正有姓有名由始可查的人物,则为郑当时,可谓荥阳郑氏之始祖。《新唐书·宰相世系表》记载,郑当时"居荥阳开封,"虽其埋葬之地无觅,但依常理推测,开封是荥阳郑氏的发祥地,祖茔在此亦顺理成章。《宋书·郑鲜之传》载:"郑鲜之,字道子,荥阳开封人也……(义熙)十二年(416)高祖北伐,以为右长史。鲜之曾祖墓在开封,相去三百里,乞求拜省,高祖以骑送之。"这是荥阳郑氏目前所见葬于开封的最早记载。按此推算,在两晋时期郑氏郡望形成的阶段,荥阳郑氏已葬在开封了。

两方墓志的历史信息

郑胡系开封县(今开封市祥符区)人,北魏镇北将军、银青光禄大夫和平阳太守,但未见于史籍记载。墓志正面记延昌四年(515)应为郑胡亡故的时间,背面记太昌元年(532)应为墓主人下葬时间,前后相距17年,且墓志用料简陋,文字书写仓促、潦草,17座墓同时下葬,加之此时期已近北魏王朝尾声,民间叛乱不止,权臣倾轧,特别是永安元年(528)尔朱荣发动了针对北魏皇族和百官公卿进行屠杀的河阴之变,将迁到洛阳的汉化鲜卑贵族和出仕北魏的汉世家大族消灭殆尽等,社会动荡不安。在此情况下,"四祖葬其中,十七座现时葬"很难被理解为正常的下葬现象,但即使如此,作为当时世家大族的郑姓后人仍葬于开封,说明了开封之于郑姓的特殊意义。

郑邕（519—580），据墓志所记，为郑尚之孙，《魏书·郑羲传》载："（郑）羲叔父（郑）简，（郑）简孙（郑）尚，壮健有将略，屡为统军，东西征讨，以军功赐爵汝阳男，历位尚书郎、步兵校尉、骁骑将军，迁辅国将军、太尉司马，出为济州刺史，将军如故，为政宽简，百姓安之。卒，赠本将军、豫州刺史，谥曰惠。"郑简是荥阳郑氏南祖，由此可知郑邕为荥阳郑氏南祖支系，往上追溯，郑邕是郑当时的二十四世孙。

郑邕墓志除记有郑邕简要生平、籍贯、族系，还记有："（北周大象二年）十一月廿七日葬于开封城西南七里之岗阜焉。"而依现今地形测量，墓志出土地点位处开封城（启封故城）西南的韩岗村，与启封故城直线距离为3375米，恰合七里许。该区域虽经多年取土，但至今地势仍较高，且土质坚硬，与周边黄河淤沙淤土截然不同，证明当时确属岗阜高亢之地，符合墓志所指的地望。

当然，荥阳郑氏族裔也有葬于开封以外之例，最早见于文献的为郑羲。据《魏书·郑羲传》载，"郑羲，字幼驎，荥阳开封人，魏将作大匠浑之八世孙也"，按族系推算，为郑当时的二十一世孙；又有《郑文公碑》记，"（郑羲）以太和十七年（493）四月廿四日归葬于荥阳石门东南十三里三皇山之阳。"还有郑道忠墓志记有"君讳道忠，字周子，荥阳开封人。周文王之裔，郑桓公之后，魏将作大匠浑之十世孙也。……以正光三年（522）十月十七日卒于洛阳之安业里宅。……越十二月廿六日窆于荥阳山沥石涧北。"但史载郑鲜之曾祖即已葬于开封,郑鲜之曾祖为郑哲,是"魏将作大匠(郑)浑"之子,而郑羲是"魏将作大匠浑之八世孙也",远晚于郑哲的时代。至于郑胡等人及郑邕,虽于郑羲之后,但仍以开封为埋葬之地,说明族人始终在千方百计地寻求叶落归根,这些都为荥阳郑氏祖茔在开封提供了有力的证据。

启封故城一带屡经战乱、水患,荥阳郑氏祖茔至今无法明辨,但相信随着相关考古工作的开展必将得寻踪迹。

(张武军)

任轨并妻薛氏墓志

石刻珍品 严谨秀丽

洋洋洒洒六百余字，一气呵成，章法布列均衡，意趣较为生动，变化丰富，飘逸劲秀。

  任轨并妻薛氏墓志系洛阳出土，但具体时间和地点不详。任轨并妻薛氏墓志于隋大业四年（608）二月九日刻。志盖题阳文篆书"隋故朝散大夫、蒋作少匠任君墓志铭"4行16字。墓志隶书22行，行28字，无题亦无撰书人姓名。盖、志均保存完好，文字清朗。

任轨生平

  任轨，《隋书》无传。从墓志可知，任轨出身官宦世家，其祖父官至乐安太守，袭爵梁城侯；其父任国子助教、骠骑大将军、义州大中正。任轨秉承家风，自幼性情温恭率直、勤奋好学、知书达理、忠孝仁义，年纪

任軌并妻薛氏墓志

隋（581—618）
志高、宽均是56厘米，厚13厘米
志盖高、宽均是56厘米，厚30厘米

君諱軌字洪則西河隰城人也尋源出震自羲皇示命氏開
國爭長與滕侯共朝其後安隱流譽玉質挺於
四代金聲播於亓祀祖龍驤大將軍義州大中正當葉爵梁南城
侯仲讓國子助教隠所舉茂十官亓不弄宰擅理誠孝
父温規矩恭謹家風不墜敦騎駕大將軍襲爵南城
一時溫珝食貨監丞軍藉貸外郎歸軍務亓大理誠孝南
餘洛州食事職添溟軍授軍楊州總管府之攉任南營
紀始府拜柄少陽正事懷州擢管食貨車兵本
晉鳳總錄事奉軍正位博望木府貨車事政之蒙董
牙騎既奏大少将位博寔之録早轉事貨轉之本
伊始摸大抗度堂考室侯得識龍貸車任太司
宜成哀拾於堂考室侯得識龍貸車任太司
業三名六異於正考求賢諸轉拾諙食百政尉
甲成訪立月日於室求人識龍顔又騎政之本
聖情泉九燕二拾長之志諸奉捋之轉加騎加基
人耘日卅日於室去拎亂羅迁於少匠建建基
夫人薛氏河東人祖雎俗欽仁州刺史父元嗣開國侯並德業
相承書替述襲師軼雅德仁夀四年正月乃操履温潤器調
條明婉娩為容母閨門肅雅分為東望之
時年卌有二百齡未半雙劍俄分久為東望之魂
階之壽為銘曰
粵歟祖祢也載其芳君承家業帷顯帷昌忽震青紫奄獻
涼空傳史筆迹瞻白楊

轻轻就任员外将军之职，后又转任南营州外兵参军事，又升为洛州食货监参军。任轨为官期间"籍《三略》之权，食货资八政之本，懂司纲纪，咸为称职"。

隋代虽然开创了科举制，但其选官途径是科举和世袭两条道路。墓志中并未提及任轨任官是通过科举，其早期官职是"员外将军"，员外有"定员外置之意"，可见任轨是世袭为官。他初任官职恪尽职守，奉公守法，故能平步青云，加官晋爵。杨广在做晋王时就对他委以重任，使任轨也能"早识龙颜，竭劲草之诚，托身凤翼"。后杨广继太子位，又后杨广君临天下，当上皇帝，对任轨更是信任和提携。可见任轨在当时并非默默无闻之辈，而墓志是对死者生前事迹的真实记录，故志文可补史书之缺。

任轨之妻薛氏家族

墓志中记载，任轨的夫人为河东大族——河东薛氏家族。"河东"一词从地理范围上而言，起初是泛指黄河以东之地。"河东"作为正式行政区划，出现在秦朝。秦始皇在结束战国诸雄并立的局面后，于全国推行郡县制度，始设河东郡。以后，河东郡的建制被数朝沿袭，只是所辖范围发生变化，但是其中心一直是今山西运城、临汾二市一带。薛氏的族属是来自西南边陲的少数民族。在蜀国灭亡后才移居至河东，大本营在汾河以南、黄河以东的宝鼎，即汾阴一带。

十六国时期，河东地区时常易主，北魏统一后，河东薛氏也归附北魏。

此后,河东地区开始了长达一百年的安定局面,河东薛氏也真正开始了他们的崛起之路。北魏伊始,薛氏家族形成三条不同的发展道路,即南祖房、西祖房和非族房。南祖房选择依靠武力"曲线救国"为进身之路;西祖房选择转型文学士族为进身之路;有些非族房成员则走上了谋反的道路。

任轨之妻家族属于西祖房薛谨一枝。薛氏家族世系表中不见其祖父庆绪的记载,而墓志中"祖,庆绪,仁州刺史。父,元嗣,开国侯"的记载,可补史书之缺。

隋代,薛氏家族在统治者稳定国内局势以及开疆拓土的活动中仍发挥着重要作用。西祖房系自身比较重视文化涵养的提升,在政治领域中发挥着巨大的作用。

任轨之妻薛氏,早于任轨三年而死,待任轨死后,二人之柩迁至洛阳合葬。

墓志中的书法史

任轨并妻薛氏墓志完全用隶书小字书写而成。这在六朝以后的墓志中不多见。此墓志刊刻于隋大业四年(608)。隋代时间虽短促,但其特殊的历史地位不容忽视。隋朝上结六朝之局,下奠唐代鼎盛之基,具有重要的承上启下的作用。如果我们从书法史的角度进行审视,隋代书法同样具有特殊的历史地位。隋代处于魏晋南北朝与唐朝之间,从书法审美观念到风格取向上正处于"东晋尚韵"向"唐代尚法"过渡的中间环节。所以隋代书法具有明显的融会性和过渡性的特点，是承上启下的重要历史阶段的产物。

隋代已步入墓志刊刻的高潮期，墓志书体以楷书居多，出土隶书墓志较少。其原因是隋代书法正处在复归统一的社会大环境中，造成了南北书风的自然融会，彼此间以长克短，存优去劣，逐渐形成了既有南朝庄重典雅又有北朝刚健朴实的时代风格。也正是在南北书风的融会中促进了楷书法度的发展。为"尚韵书风"向"尚法书风"的转换创造了必要的条件，使北碑楷书向唐碑楷书的转化成为历史的必然。

隋代隶书墓志虽不及楷书墓志之盛，但也占有一定的比例。隶书始于战国，兴于汉，至魏晋开始衰落，到南北朝已经全面进入楷书时代，隶书几乎被人们遗忘，在南北朝相当长的一段时间之内很难再看到隶书。隋代，为什么隶书又骤然增多了呢？究其原因，与北朝后期文学复古有直接关系。

南北朝时期楷书一统，篆、隶被人们长期遗忘，篆不能识，隶不会写。对于秦汉前的古文多不能读。周文帝嗣位，力图革除旧弊，改变社会动荡局面，实行全面复古政策。这种复古不仅涉及政治体制、官爵制度，而且在文字的使用上也推行复古政策。这次文字复古是有目的、有组织的一次社会活动。帝王直接参与，又组织当时的文字专家联合行动，势必对当时社会的文字使用产生重大影响。这种影响的结果是长期被遗忘的篆、隶重新开始使用，不仅表现在严肃隆重的场合下使用篆、隶，而且日常使用的文字中也多使用篆书和隶书。隋代墓志中隶书墓志的增多也是北朝后期文字复古之风掠过的一个表现。长期被人们遗忘的隶书开始被人们重新关照，这或许就是唐代篆、隶重新走向繁荣的前奏。

任轨并妻薛氏墓志洋洋洒洒六百余字，一气呵成，章法布列均衡，意趣较为生动，变化丰富，飘逸劲秀。总体来看，此墓志书法上承汉隶点画波磔的取势，下开唐代隶法严谨秀丽的情致。其中"而、青、诸、器、德"等字从结构到笔法大都与汉隶相合。"叶、纲、义、金、袭"等字又符合魏碑的结体。"仙、年、惟、开"等字又熔篆、隶于一炉。整个布局横竖成行，单字在界格内等齐排列，如同算子，继承了六朝墓志严谨齐整的风格。在点画分布之间，又洋溢着书者娴熟的技巧与奔放的性情。与后来唐隶那种拘谨呆板的情形大相径庭。但与汉碑相比，显然稍有逊色，缺乏汉代隶书苍劲之势和瑰丽之奇。尽管如此，任轨并妻薛氏墓志仍不失为隋代墓志中小字隶书的佼佼者。

综上所述，尽管《隋书》对任轨没有记载，但通过对任轨并妻薛氏墓志的深入分析和研究，与史料的对比考察，既能判定墓志是可信的，又能够验证传世文献所涉及的隋代的职官、隋代的重大事件、隋代的著名人物以及隋代著名河东家族。墓志的书法艺术也是不容低估的，它独特的艺术风格既有继承又有发展，在书法发展史中有着承上启下的重要作用。故任轨并妻薛氏墓志是研究隋代历史和中国书法史，极其重要的、最翔实的第一手实物资料。

（唐冬冬）

崔沔墓志

俭约自守　王佐之才

崔沔墓志形制之大，字数之多，为唐代墓志所少见。志文对《新唐书》及其他史料所记崔沔的事迹提供了新的资料。它有证有补，非常难得。李邕之文，生动流畅，详略得当；徐珙书丹，圆劲厚重，遒劲工整，雕镂精湛，刀锋毕现。

现存开封市博物馆的崔沔墓志是国家一级文物。唐大历十三年（778）四月刻。盝顶，四周有阴线刻花草纹。题篆书"有唐尚书左仆射崔孝公之墓"12字。李邕撰文，徐拱书丹。志文隶书52行，后26行续刻于盖之背面。行31字。首行题曰："有唐通议大夫守太子宾客赠尚书左仆射崔孝公墓志"。盖、志二石均完好，文字清朗醒目。志文记述了崔沔的家世、生平事迹、死葬年月等，大大丰富了《新唐书》中崔沔的传记，可与史传互为补充。

墓志主要介绍了崔沔的世系家谱，包括崔沔之曾祖、祖父、父亲、子孙等人的官职及崔沔本人官职升迁情况。

崔沔（673—739），唐京兆长安（今陕西西安）人，原籍博陵（今河北安平），进士出身。"公廿四，乡贡进士擢第"，曾任麟台校书郎、左补阙、殿中侍御史、起居舍人、给事中等职，后屡经升迁，做过礼部侍郎、中书侍郎、魏州刺史、加通议大夫、守太子宾客兼怀州刺史等职，"开元廿七年十一月十七日薨于居守之内馆，圣上哀悼，追赠礼部尚书""谥曰'孝'""永泰中，天子有事南郊，旌宠旧德，是以有仆射之赠。"

在唐代墓志中，世系家谱是反映封建宗法制度的一个重要方面，崔沔墓志也不例外。志文追溯远祖，叙述了崔氏六代世代珪组蝉联，居于显赫地位。博陵崔氏是北朝时期"卢、崔、郑、王、李"五大家族之一，是著名的望族。这些士族大地主把持朝政，他们担任中正高官，朝廷任用官吏都由他们推荐或罢黜，世称门阀制度。而且这五大家族互为姻亲，一直延续到唐代。唐代初期，统治者感到士族对他们政权的威胁，采取了一些抑制大族的措施，废除九品中正制，并用科举考试取士。唐高宗时颁布禁婚令，规定北魏士族七姓十一家，不得自为婚姻。崔沔妻名王方大，王方大墓志已在洛阳出土，现存开封市博物馆。志文由崔沔亲撰，王方大是太原王氏的后裔，七姓十一家互为婚姻的事实，在墓志中得到印证。看来，禁婚令当时可能没有得到贯彻执行。由此可见，唐王朝虽采取了一些抑制大族的措施，但崔氏一门在唐代仍是一个显赫的家族，崔氏家族在唐王朝中先后有23人为相。崔沔及其子佑甫，两唐书均有传。

志文除了叙述崔沔的世系家谱外，多为歌功颂德之辞。志文评价崔

崔沔墓志

唐（618—907）

志盖高、宽98厘米，厚22厘米

20世纪60年代出土于洛阳，具体地点不详沔一生廉洁奉公，俭约自守，勤政爱民，与《新唐书》中所记"纯谨无二言，事亲笃孝"基本相合，都对崔沔的一生给予充分的肯定。志文记述崔沔曾"注《老子道德经》，文集三十卷"。这句记述，史传并未记载。唐代修史注经著书之风甚盛，因各种原因，这部注经今已未能见到。崔沔传世的诗文极少，仅在《全唐诗》中录有诗一首，以及《全唐文》中录有文十四篇。《新唐书·崔沔传》中有"沔俭约自持，禄禀随散宗族，不置居宅，尝作《陋室铭》以言志"的记载，意即"他将自己的俸禄拿出来散发救济贫民，而自己却不置宅第，甘愿过着俭朴的生活"。故目前有人推测《陋室铭》一文并非刘禹锡所作，而是崔沔所写。至于这篇名作究竟是否出自崔沔手笔，还待以后做进一步考证。

关于崔沔卒葬年月，改葬的时间、地点等问题，史书中不详，可补史缺。据志文记载，崔沔死于唐开元二十七年（739）十一月十七日，"大历十三年（778）岁次戊午四月丁丑朔八日甲申，嗣子佑甫奉孝公之亲，还于邙山之平乐原，以夫人太原郡太夫人王氏祔为礼也"。

据志文一开始所说崔沔"以开元廿九年（741）十二月廿九日权窆于邙山，故人北海太守江夏李邕为志曰"云云，可知李邕撰志文应在权窆之后，而志文之书写则在大历十三年（778）四月与夫人王方大合葬之时。因沔死后受"仆射之赠"是在永泰年间，其时李邕已于天宝年间被害而死，故志题中"左仆射"一衔及铭辞后面记其子孙及沔与夫人王氏合祔等情况的六行文字，均为徐珙书写时所加添。迁葬之大历十三年（778），距其死之开元二十七年（739）已长达39年之久。其间经历近8年的"安史之乱"，崔佑甫保护着宗族百余口人逃至江南，当是未能尽早将父母迁葬的原因之一。

另外，在崔沔墓志中称沔有二子：长子成甫，嗣子佑甫，而崔沔妻王方大墓志中，只字不言有子成甫，只言有子佑甫，沔父崔皑志中曰："仆射（指沔而言）之长子成甫………仆射之嫡子佑甫，仕为中书舍人。"嫡子在封建社会中指正妻所生的儿子，有时也专指正妻所生的长子，故沔志中的"嗣子"应与"嫡子"同义，可见，王方大为沔之正妻，崔佑甫为王氏所生，故称"嗣子"。

崔沔墓志由李邕所撰，李邕所撰的志铭，基本上写出了崔沔的家世及其一生。李邕（678—747），字泰和，广陵江都（今江苏扬州）人，政治命运坎坷，屡遭贬斥。曾任左拾遗、户部员外郎、括州刺史，唐玄宗时官至北海太守，故世称"李北海"，李邕以能文名满天下，并长于行草书，师法王羲之，后自创一体。因与沔为同窗知交，故以志文自任，但未及沔与夫人合祔而葬，因遭李林甫所忌，李邕于天宝初年被害至死。

崔沔墓志的书丹者徐珙虽为县丞，但此人书写的唐隶极具代表性。徐珙与其父徐浩是唐隶大家，二徐的唐隶在体法上力求改革，它除了点画尽量沿用汉隶笔法以外，还有意将汉隶的篆味去掉，以楷入隶，因而结体比汉隶稍为加高，多数成了正方形，笔画的波磔也消失了，这就是世称的唐隶的特有风貌。此墓志铭笔法整齐而不板滞，庄严而又姿媚，别有一番意趣。但因唐隶过于媚俗刻板，不如汉隶质朴天成，因而习惯上人们重汉隶轻唐隶。志盖篆书虽仅有12字，但字体工整，结构严谨，字迹清新，光彩照人。

综上所述，崔沔墓志形制之大，字数之多，为唐代墓志所少见。志文对《新唐书》及其他史料所记崔沔的事迹提供了新的资料。它有证有补，非常难得。李邕之文，生动流畅，详略得当；徐珙书丹，圆劲厚重，遒劲工整，雕镂精湛，刀锋毕现。这一切都使得此志在史料、文字、书法和雕刻等方面具有重要的价值。

（崔巧玲）

唐三彩抱鸭女俑

斑斓璀璨 盛世奇葩

唐三彩艺术价值极高，尤其是人物俑，造型栩栩如生，釉色华贵斑斓，风格健壮圆融，继承发展了汉代以来釉陶工艺传统，创新展现了盛唐之下包容贯通的开放姿态。

　　唐三彩是中国陶瓷史上的一朵奇葩，它出现于唐高宗时期，盛行在武则天至唐玄宗年间，安史之乱后逐渐消退，短暂而辉煌，极具时代特征，是盛唐经济文化的反映。唐代生产三彩的时间不长，但影响十分深远，因器物华丽的釉色和独特的造型，不仅受到当时达官显贵的追捧，也深受世界各国人民的喜爱。唐代水陆交通发达，全国各地之间、唐与国外的交往都十分频繁，洛阳是唐代的东都，也是国内水陆交通的交会点，唐三彩器物及其烧造技术亦因此得到广泛传播。目前发现唐三彩的踪迹遍布亚洲，其中有日本、朝鲜、韩国、印度、巴基斯坦、伊朗等，非洲的埃及也有唐三彩的踪迹。唐三彩对后世宋三彩、辽三彩，以及朝鲜出现的新罗三彩、

唐三彩抱鸭女俑

唐（618—907）
通高26.5厘米，口径5厘米，底座直径13.4厘米日本出现的奈良三彩也产生了巨大影响。

"唐三彩"这个名称的由来只有一百多年的历史,《孟津县志》记载,1899年勘探从洛阳到开封的铁路时,在古墓中发现了三彩器物,并未受到重视。1905年,在修建铁路时,发现了大量唐王朝王室贵族墓群,随之出土了大量的人物造型或者动物造型以及一些器皿类的彩色釉陶,色有黄、绿、白、褐、蓝、黑等,其中以黄、绿、白三种颜色为主,所以人们习惯称之为"唐三彩"。

唐三彩以动物和人物造型的俑类为主,有天王、武士、文官、贵妇、女侍、牵马或者骆驼的胡人以及舞乐俑,还有马、骆驼、鸡、鸭、镇墓兽等动物,还有房屋模型和生活器皿。三彩女俑是唐三彩最为精彩的部分,她们造型优美,表情丰富,衣着华丽,使唐三彩釉色的色彩斑斓得到了最好的表现,开封市博物馆所藏唐三彩抱鸭女俑即是其中的精品之一。

唐三彩抱鸭女俑,其造型是一个怀抱鸭子、稚气犹存、端丽活泼的少女。少女梳分头,边髻,面部丰满如月,身着窄袖长衣、披披肩、袒胸、蹲跪于圆形俯莲台座之上。怀中所抱鸭子,身体肥壮、羽毛丰满,鸭口衔一喇叭状物作为器物口,女俑和鸭子身体中空,连为一体,似为插花器。女俑造型生动形象,栩栩如生,给人以呼之欲动之感,特别是蹲跪抱鸭的形象,不仅遵循了人物的结构特征,更突出了少女的性格特征和身份特征,面部表情形神兼具,既依托现实又具有浪漫主义的想象,整个器物给人阳光灿烂的感觉,完美地表现了唐代的艺术特色与时代风貌。

唐三彩的出现与衰退，跟唐代的社会经济发展息息相关。唐三彩兴起在唐代经济蓬勃、政治安定的高宗时期，随着经济的发展和社会的稳定，厚葬之风逐渐掀起，继承汉代以来就有以釉陶做明器的习俗，人们对低温釉陶作为明器陪葬的喜爱进一步发展，唐三彩就应运而生了。唐三彩工艺复杂，价值不菲，深受官僚贵族的青睐，唐代长安、洛阳作为京都，聚集了大批的达官显贵，唐三彩很快在中原地区发展兴盛，河南地区是发现唐墓最多且最集中的地区之一，也是唐三彩主要集散地。安史之乱后，战乱频发，唐代经济发展大不如前，厚葬之风渐息，唐三彩的用途也由明器转为生活器皿，继而走向衰退。

唐三彩艺术价值极高，尤其是人物俑，造型栩栩如生，釉色华贵斑斓，风格健壮圆融，继承发展了汉代以来釉陶工艺传统，创新展现了盛唐之下包容贯通的开放姿态。唐三彩抱鸭女俑的形象展现出唐代的社会风尚和精神面貌，其自带的凝重质感给人们带来的视觉冲击力比同时代的画作更大，生动直观地反映当时的生活风貌，形成独具魅力的艺术造型，展现出雍容堂皇的盛唐气象。

（吕淑颖）

『大晟·夷则』编钟
一朝大晟钟 余音八百年

> "大晟钟"作为律器,也就是现在我们所说的"校音器",其意义是和秦始皇统一度量衡的意义是一样的。

    "大晟·夷则"编钟是开封市博物馆收藏的一件重要的宋代文物。它不仅铜质精纯、造型古朴、纹饰生动,更重要的是,它是北宋首都皇家乐队乐架上的一件重要乐器。它有过辉煌,更有着金军入侵后的悲惨命运。

    "大晟·夷则"编钟为国家一级文物。编钟为青铜质地,属椭圆筒式形打击乐器。编钟上部有双夔交接悬钮,夔龙首部饰粟粒纹,龙身饰回纹;舞部、征部周廓以及篆带饰多层的蟠虺纹;乳枚作螺旋式半球体;隧部以蟠虺纹组成翼型图案。编钟征部正面的中间部位有阴刻篆书"大晟"二字,背部中间部位有阴刻篆书"夷则"二字。

    "大晟"编钟系"大成乐府"之乐器,是宋徽宗赵佶崇宁三年至四年

"大晟·夷则"编钟

北宋(960—1127)
通高27.5厘米,口径18厘米×15厘米,厚0.7厘米,重6.05千克
1973年收购于郑州市

（1104—1105）在京师所铸。史书记载，宋徽宗崇宁三年（1104）冬，应天府崇福院掘地，掘出六枚古钟。因应天府在春秋时期是宋国的故地（今河南商丘南），六枚古钟上又有"宋公成"三字铭文，又因古钟正好出土于宋太祖起家的睢阳（今商丘），所以宋廷认为古钟是"于受命之邦出为太平之符者"。于是宋徽宗便召集工匠，选取精铜，仿照出土的"宋公成"钟式样，精心铸造了十二套编钟。崇宁四年（1105）八月，徽宗颁诏，赐新乐名大晟，"置府建宫"。就这样"大晟乐府"便应运而生了。

众所周知，我国古代音乐史上最发达的时期是唐代。但是自安史之乱以后，唐朝国力逐渐衰败，再经五代十国的分裂战乱，音乐活动也变得支离破碎，甚至宫廷的乐器、乐工也"十不存一"。宋朝建立后，自然要制礼作乐。崇宁元年（1102），宋徽宗赵佶这位有极高文化素养，但不会治理国家的皇帝，面对"日薄西山"的统治局面，却要粉饰太平，命文武百官重制新乐。建立"乐器制造所"和制作乐器的"铸泻务"来制造大晟乐器。设"大晟府"，添置大量的职官管理国家乐政。宋徽宗还亲自撰写《大晟乐记》来夸耀自己治内修外的"至德"。

崇宁四年（1105），开始制造大晟钟，大晟钟共铸造12编，每编28只，正声12、中声12、清声4，共计336件。每套钟的基准音高都是黄钟宫（为皇帝奏乐所专用的乐器）。大晟钟作为标准音律定音，统一了音高，这样就真正实现了全国"音同高"，即保证一首乐曲能够不走样的在另一个地方演奏。"大晟钟"作为律器，也就是现在我们所说的"校音器"，其意义是和秦始皇统一度量衡的意义是一样的。开封市博物馆收藏的这件"大晟·夷则"编钟仍保持着当年的实际音高，经专家测音为升㖟。这对宋代黄钟标准音高的研究有着重要意义，对中国古代音乐史学的研究和音乐教育的研究均起着积极的作用，同时，也是研究北宋宫廷音乐乐制的宝贵的实物资料。

金军攻陷北宋都城东京，大晟钟遭劫。金军虽然把掠走的大晟钟刮磨去"大晟"款，改刻为"大和"款，但金人仍然将宋乐用于他们自己的礼乐祭祀活动。到了元代，据《续通考》载，"元代于律吕（音律）无所改作，惟遵用宋崇宁乐（大晟乐）"。后又征得"亡宋雅乐器"800余件，并补铸编钟，补制编磬、匏、笙等乐器各数十件。这些乐器当然也保持了宋大晟黄钟的音高。

明代宫廷使用的乐律仍然是宋代的乐律。清代的宫廷乐律，最初使用的是明乐。康熙年间进行改律，在改制编钟时，就是利用明代编钟加以改制，因为这样可以不用重新设计，而只把年代、律名简单地加以改动，即可成功。因此，清代改律仍潜在地保存着大晟律的遗制。可以说"一朝大晟钟，余音八百年"，可见大晟律的影响是极其深远的。

自崇宁四年（1105），开始制造大晟乐，至政和三年（1113）开始演习，又至政和七年（1117）十二月，因金兵南侵，"罢大晟府"，自此大晟雅乐结束了它辉煌的使命。

靖康二年（1127）金人掠徽、钦二帝北迁，汴京文物重器同时遭劫。

这批文物重器就包括"大晟乐器"。《靖康稗史》一书中记载劫运到燕京的"器物二千五十车，是日始至，点验后，半解上京，半充分赏。……器物收储三库"，这些被劫走的大晟钟分散在燕京、上京两地。据《金史·乐志》记载："初，太宗取汴，得宋之仪章乐虡（jù）（量词，钟鼓编组，一组为一虡），擎之以归，皇统元年（1141）金熙宗加尊号，始就用宋乐，有司以钟、磬刻'晟'字者犯太宗讳，皆用黄纸封之。大定十四年（1174），太常始议：'历代之乐，各自为名，今郊庙社稷所用宋乐器犯庙讳，宜皆刮去，更为制名。'于是命礼部、学士院、太常寺撰名，乃取大乐与天地同和之义，名之曰'大和'。"由此得知现存世"大和"款的编钟，应属于金代中都朝廷用于郊庙社稷的乐器。其保存宋代"大晟"原款的，有部分是运存上京的，另外中原也有出土的。在《金史·海陵本纪》中记载，正隆三年（1158）十一月于汴京"营建南京宫室"。《金史·乐志》记载："初，正隆间，海陵营太庙于汴，……其地故宋景灵宫之址也，掘其下，得编钟十三，编磬八，皆刻'大晟'字。"故推知，开封市博物馆所藏的这件原款"大晟"编钟，应是靖康二年（1127）劫余而湮没于地下的。

众所周知，中国青铜器的大发展时期是夏、商、周三代。此后中国的青铜铸造业逐渐衰落。那么在宋代这个铸铜工艺并不发达的时代，为什么能铸造出如此精致而又合乎古代传统的乐钟呢？除了"大晟府制造所"和"铸泻务"是中央官工厂，只求铸造质量好，不计成本高低之外，更重要的是与当时十分发达的古铜器的搜集、研究，这门"古器物学"有很大的关系。北宋，在徽宗朝之前，曾出现过几位启蒙的青铜器研究的学者。他们撰写了考证严谨、图文兼备的著作，形成了一门专门研究青铜器的学科。在这种风气的影响下，徽宗也以皇帝的威权，极力搜集上古青铜器。当时共搜集了二万五千余件青铜器，并建宣和殿收藏，这可以说是一座世界上最早的、藏品最丰富的青铜器博物馆。在大观元年（1107）宋徽宗命宰相王黼撰成《宣和殿博古图》，这是一部名气很大，对后世颇有影响的古铜器图谱。因此，大晟钟以出土的周代乐钟为标本，选用最好的材质铸造而成，所以它造型古朴、纹饰精美，敲之音纯清脆。

目前发现的大晟钟是一钟一音。它们的外表、个头看上去相差无几，但它们的重量是有差别的。大晟钟的重量是随律名，由低到高的顺序呈递增趋势。另外，大晟钟钟体的内壁是十分平展的，不像先秦时期的编钟是利用内壁锉磨的凸凹状脊槽来起到调整音高的作用。大晟钟是通过磨研正鼓部壁的厚薄来调节音高的，这是大晟钟特有的调音方法，体现了宋代科学家、音乐家在研究、制造、使用大晟编钟的时代认知与所达到的高超的实际水平。

历经一千余年，366件北宋大晟编钟目前仅有36件流散保存在海内外，分别藏于北京、上海、辽宁、河北、河南、陕西、湖北、山东、台湾等地市的文博部门，以及加拿大、日本、韩国等国，真可谓凤毛麟角，十分珍贵。

（唐冬冬）

符守诚墓志

陈州符氏 将门世家

志文记述了符守诚的世系、生平及其历官为政的功绩。墓志传达出的信息,对研究陈州符氏家族的兴衰发展史、北宋官制和相关的社会政治制度具有重要的价值。

符守诚墓志,洛阳出土,具体出土时间地点不详,现藏开封市博物馆。宋崇宁四年(1105)正月刻。志、盖合为一石,郑景平篆盖,盖题"大宋故供备库副使致仕符君墓志铭"15字。蔡天辅撰文,王万书丹,刘友谅刻石。志文正书,29行,满行28字。首行题"宋故供备库副使符君墓志铭",志石完好,文字清晰。志盖四周均有阴刻卷草纹。

符氏家族

志文云"君讳守诚,字覃夫,先宛丘人……"宛丘,古又称陈州(今河南周口淮阳区),志称其六代祖秦王存审"从李克明屡建奇功","克

符守诚墓志

北宋（960—1127）

志、盖合高83厘米，宽82.5厘米

明"系"克用"之误。符存审，原名存，字德祥，是陈州符氏家族的奠基者，出身寒门，幼时被五代后唐晋王李克用收为义子，符存审一生经历大小百余战事，是后唐军功卓著的将领。他曾多次与后梁交战并击破朱温、驱逐北漠契丹，与周德威齐名，其历任左右厢步军指挥使、忻州刺史、安国军节度使、平卢节度使、宣武节度使等职，卒年63岁，后追封太师、中书令、秦王，配飨庄宗庙廷，《晋书》有传。符存审的九个儿子也跟随其南北征战，尤以四子符彦卿战功最为显赫，陈州符氏家族在军中建立人脉，逐渐扩展为"将门"，进入政治核心，形成新兴的武将家族。

墓志记载秦王符存审孙女为周世宗柴荣之皇后。宣懿皇后符氏为时任天雄军节度使符彦卿的长女。符彦卿是五代及北宋初期著名军事将领，曾多次与辽朝军队作战。周世宗即位后，册立符氏为皇后，陈州符氏首度成为外戚，地位随之显赫。955年，符皇后身染重病而逝，符彦卿的次女、符皇后的妹妹成为周世宗的第二任皇后，世称小符皇后。符彦卿的第六女在后周显德年间嫁给赵光义为继室，宋开宝八年（975）逝世，宋太宗赵光义即位后，追册为皇后，谥懿德皇后。发展到这一时期的陈州符氏将门，达到了晚唐五代两宋符氏将门的顶峰。符氏以外戚门第的身份，靠于宗室的姻亲关系维其家族不衰，世代为官，这种情况在符氏家族得以维持是很明显的。

符守诚生平

志文记载了符守诚的生平、历官和父辈子嗣情况。据志文介绍，符守诚年幼就失去了父亲,性情温和敦厚,对其母极为孝顺尊敬,为族人所称道。神宗熙宁三年(1070)娶宗室赵从质之女秀容县君赵氏,承皇恩填补了右班殿直的官职,开始获得试吏的机会。在任官方面,符守诚初以年劳叙迁左班殿直,后来又担任侍禁、供奉官,后因升"通籍",由内殿崇班改为内殿承制,又升迁为供备库副使。官阶比其父、祖还高。符守诚做出了一定的政绩。所以他的才能受到朝中士大夫的赞誉和推荐。不过遗憾的是,符守诚"不幸白首,迄无所遇,不克大有施设",他一直到头发花白,终究没有被重用,不能够大展宏图,最终因病提早致仕。宋代推行的恩荫补官政策,虽然名目繁多、范围广泛,"一人入仕,则子孙亲族俱可得官",但因此得官者的政治地位和晋升速度远不及进士及第等科举出身之人,荫补入仕者更是受到"祖宗之法"的限制,不能直接担任知州、知县、通判等亲民长官,必须先从监当场务等基层官员做起,再凭功绩与年限积累资格,难以跻身高级官僚的队伍,甚至终生难以升迁。符氏家族因罕有进士出身者,倚靠荫补始终有其局限。在重文轻武的风气下,他们的政治、社会地位均无法与士人家族相比。

宋代榷酒政策

符守诚墓志还反映了北宋政府实行的增税和专卖政策。宋代是我国唯一自始至终实行严格榷酒政策的王朝。北宋时,随着商业的发达,政府为了获取高额酒利以解决财政困难,在各州、府县设立酒务,专管酿酒卖酒,称都酒务，县以下设数量不等的场坊即酒坊、酒场，称酒务，酿卖各种酒类，同时还兼收各辖区的酒税，以增加政府的财源。同时，对盐、茶、酒等生活用品实行专卖，即由官府控制这些物品的生产并垄断销售，严禁私人经营。宋酒务设有两种性质的监官，一种是专掌酒榷的行政管理人员，监管酿酒生产过程。另一种是专督酒课的官吏，由他们征收酒税。酒务监官替罢需将任内所收课利依祖额进行比较，经磨勘决定赏罚。这种经济政策实行结果使政府的财政收入大为增加，到了仁宗年间，专卖酒曲年收入合计一千四百九十八万六千一百九十六贯。这个税收对于当时财政不景气的宋王朝不可不说是非常的诱人。仅以志中提到的两浙路的姑苏（平江府，今江苏苏州）、会稽郡（今浙江绍兴）地区来看，每年所得的专卖钱竟达10余万缗（一千文为一缗）。至于洪州（今江西南昌）武宁县的酒税钱，志虽未言明，但守诚担任监税官任内实收的钱数应该大大超出了祖额数，所以受到长官的赏识而得到了升迁。

匠心独运

　　志文撰者蔡天辅、书者王万及篆盖者郑景平，《宋史》均无传。宋代墓志书法以楷书为主，与唐代法度严谨的书法风格相比，这一时期的书风受"尚意"思想的影响，楷书的书写在尊重楷则的基础上平添几分自由和心性，写楷书当如书写行书，在字形及线条的方面较为自然率意，十分灵动。该墓志志文书法俊秀，有欧、虞笔意。结字有欧书的险峻之势，用笔以转为主，点画间隐约可见虞（世南）、褚（遂良）之风骨，单字结构显然经过了匠心独运的安排，并且静中有动，变化微妙。在具体的繁杂笔画处理中也应用了一些行书技巧，例如"祇""训""然""此"等字，使整个墓志生动起来，颇为自然。盖文篆法结构严谨，平稳敦厚。

（崔巧玲）

开封府题名记碑

心碑不天　传诵千古

提起声名显赫的宋代开封府,提起"倒座南衙"的包青天,可谓家喻户晓,妇孺皆知。而这块开封府题名记碑正是我们研究宋代开封府以及宋代历史十分难得的实物资料。

　　开封位于黄河下游的冲积平原,是中华民族古老文明的发祥地之一。提起声名显赫的宋代开封府,提起"倒座南衙"的包青天,可谓家喻户晓,妇孺皆知。而这块开封府题名记碑正是我们研究宋代开封府以及宋代历史十分难得的实物资料。

　　开封府题名记碑四周以蔓草和缠枝牡丹镶边。碑额篆刻"开封府题名记"六字,碑文为楷书,共21行,每行字数不等。碑文记载有上起太祖建隆元年即960年,下讫徽宗崇宁四年即公元1105年,共145年间183人次开封知府的姓名、官职、上任年月等。开封府题名记碑保存了这一时期内有关开封知府最完整的资料。

开封府题名记碑

北宋（960—1127）
高214厘米，宽96厘米，厚24厘米

至于宋代各官府盛行这种长官题名制度的用意，依据宋代学者苏颂的说法，一是做官者题名有一种荣誉感，二是在荣誉之后更有一种责任感。现在看来，题名记确实起到了这种千秋功罪任人评说的作用。仔细观看这块碑，碑的中部有一处深深的凹痕，这被磨去姓名的究竟是何人呢？

包拯，字希仁，宋仁宗嘉祐二年（1057），他以龙图阁直学士权知开封府。他上任伊始，便从最黑暗的诉讼制度入手，下令敞开府衙大门，允许百姓走入公堂，直接向官员递交状纸，面陈冤屈，一改"衙门口朝南开，有理无钱莫进来"的旧习，使多行不法的官僚豪强失去了敲诈勒索、营私舞弊的机会。包公的这项改革，深得民心，有口皆碑。因开封府坐落在皇宫及中央各衙署的最南边，被俗称为"南衙"，后来，便在戏曲小说中，演义成了一段"包公倒坐南衙"的佳话。由于他为官清正，刚直不阿，虽然在开封府任职仅一年零三个月，但他革除弊政，执法如山，受到了人们的爱戴，人称"包青天"。所以后人在观看开封府题名记碑时，就不由得要去摸一摸包拯的名字，对他的事迹评说一番，久而久之，指痕越摸越深，时至今天，包拯的名字已几乎见不到，只留下了半指深的指痕。

除包公外，题名记中还记载有许多名垂青史的历史人物，如欧阳修、范仲淹、寇准、蔡襄、苏颂、曾公亮等。欧阳修是继包公之后任开封知府的，他"为政宽简"，以宽厚仁爱之心待民，也将京城治理得很好。所以，后任开封知府都将二人视作自己的榜样。他们在开封府门前照壁的东西两侧各修建一座小牌坊，左书"包严"，右书"欧宽"，以表达对包、欧二公的敬仰之情。

与包公并称的还有范仲淹。范仲淹，字希文，他是于仁宗景祐二年（1035）任开封知府的，当时"开封素号难治"，但范仲淹在开封称治有声，仅一个月，就将京城治理得井井有条，所以有民谚说："朝廷无忧有范君，京师无事有希文。"他在开封府的任上，取得了与包公同样的赫赫英名，所以后世也将他与包公并称为"包范"。元初文学家元恽曾到过开封，他在瞻仰了开封府题名记碑后感慨良久，提笔写下了"拂拭'残'碑览德辉，千年包范见留题，惊乌绕匝中庭柏，犹畏霜威不敢栖"的诗句。诗中将包拯与范仲淹英名喻为"霜威"，而将贪官污吏比做乌鸦，虽时隔二百余年，贪官污吏见碑还如见包、范二公其人，惶恐畏惧，不敢近前。

开封府题名记碑原立于北宋开封府衙署内，明末黄河水淹开封，清初开封府署迁于现在开封县街，该碑也被随之移入署前包公祠中。后经数百年人事沧桑，这块被遗弃于大街之上的石碑，险些与其他碑刻一起被砸毁烧成石灰，由于博物馆的及时抢救，而幸免于难，我们今天才得以见到它的全貌，才得以感受包公的清节美行，感受范公"先天下之忧而忧，后天下之乐而乐"的拳拳赤子之心。

（曾广庆）

宋代人物故事镜与湖州镜

画风转变 不崇华侈

> 宋代的铜镜在中国铜镜发展史上具有独特的闪光点，同时它也反映了宋代社会的历史面貌，具有珍贵的研究价值。

　　铸镜工艺作为一种艺术，与当时的社会经济基础紧密相连，铜镜背面的纹饰和铭文反映了社会经济、文化艺术以及当时人们的思想意识，具有鲜明的时代特征。我国铸镜工艺从商代开始，经过三千多年的历史发展，经历了各个时期的变化，其中尤以战国、两汉、唐代三个时期为盛。宋代铸镜业由于受到政府连年用兵，推行铜禁制度，以及瓷器、雕漆、缂丝等多种手工业新发展的冲击，铜镜大都质地轻薄，更注重实用。但是，宋代的铜镜在中国铜镜发展史上具有独特的闪光点，同时它也反映了宋代社会的历史面貌，具有珍贵的研究价值。

　　宋代的人物故事镜出现在北宋中期，盛行于北宋晚期，发现数量多，

仙人龟鹤齐寿镜

北宋（960—1127）
直径16.5厘米，厚0.3厘米

犀牛望月镜

北宋(960—1127)
长15.5厘米,直径8.3厘米,厚0.5厘米

内容丰富,是极具时代特征的宋代铜镜。由于统治者的推崇,道教文化对宋代有很大影响,道教的神仙故事是人物故事镜的主要内容。道教长生、成仙等人物故事以及鹤、鹿、龟等长寿的动物经常出现在人物故事镜中,展现了人们对美好生活的渴望。

宋代的人物故事镜,画面统一协调,人物与周围环境整体性强,这与山水画的发展有重大关系。魏晋、初唐时期,绘画以人物为主,山水、树木等仅保留物象特征,各图案间没有任何比例与空间的关联性,画面整体感不强,如东晋顾恺之《洛神赋图》。唐代后期,山水画开始注重人与环境、景物之间的关联,强调画面的统一,如北宋范宽《溪山行旅图》。这

"湖州许仰无吾自造"镜　　　　　　"湖州真石家念二叔照子"镜

北宋（960—1127）　　　　　　　　北宋（960—1127）

直径18.6厘米，厚0.78厘米　　　　直径10.5厘米，厚0.22厘米

  一新的发展在宋代中期于铜镜上得到了体现，铜镜这种民间手工制品的图像风格滞后于画家的艺术创作正是符合了影响力传播的规律。

  仙人龟鹤齐寿镜，圆形，造型规整，纹饰清晰，是当时流行的一种人物故事镜，镜纽右侧有两位仙人立于石上，回首望向下方小桥上的仙鹤和仙童，仙鹤在悠闲地梳理羽翼，仙童背靠枝叶繁茂的大树，大树左侧方框中似有铭文，但已模糊不清。画面中人物装束与普通人相似，故事内容表达直观，也显示了神仙题材世俗化的一面。宋代人物故事镜中常见树木、小桥、水波纹、云托月纹等，树木枝叶大体分为立体尖叶型和葡萄粒叶型两种。这面仙人龟鹤齐寿镜主要使用葡萄粒叶型，大树上长着多簇枝叶，每簇枝叶上都布满大小相似的圆形颗粒状树叶，以每簇树叶凸出镜背的高度不同来表现树木的立体感，铸造十分精致。小桥图纹也是北宋故事镜的一个常用元素，水波纹以浮雕的方式表现浪花翻腾，刻画自然、转圜流畅。

犀牛望月铜镜，圆形带把，镜背饰犀牛望月图案，犀牛安详地卧于波浪之上，回头望天上的月牙，线条干净利落，画面闲适恬静。犀牛望月在宋代又称"坤牛望月"，是当时流行的吉祥寓意题材。宋代铜镜中犀牛望月的题材多与海水相关，宋邵雍辑《梦林玄解》"梦占·犀牛涉大水吉"条："占曰：犀之为物，上能通天下能分水。科举梦此子丑联捷，征伐梦此水战大胜，出行梦此遇险得济，疾病梦此服药必痊，商贾梦此涉江泛海必获珍宝之奇货。"由此可知，"犀牛涉大水"在宋代象征着人们社会生活中的种种吉兆，是人们对科举、财富等美好愿望的祈求。

"湖州真石家念二叔照子"镜，六瓣葵花形，素面，镜背铭文在镜纽右侧，阳文楷书，铭文内容为生产地点、生产商等，是典型的湖州镜。宋代的湖州，是一个著名的铜镜铸造中心，商号店铺林立，名工巧匠众多。其制品大多专注实用，不尚花纹，基本上都是素面镜，但产品销路极广，全国各地均有湖州镜出土。湖州镜之所以被称为湖州镜，是因为镜背铭文中有"湖州"二字，湖州镜的铭文牌记是其主要特征。铭文牌记常位于镜纽左侧或右侧，阳文楷书。铭文的内容主要是铜镜的生产地点、生产商、材质等，这是宋代宣传广告的方式在铜镜上的一种体现。类似的牌记在宋代瓷器、刻本等文物中都有出现，可以看出宋代各行各业都有私家作坊，生产品种单一，专业性很强，自主产权意识高，自己生产的东西要打上自家名号，为了防止伪冒，甚至打上"真""真正"等字样。牌记在铜镜上的出现，改变了铜镜铭文的性质，也成为湖州镜的特征之一。

"湖州许仰无吾自造"镜，圆形，造型规整，镜纽扁平，铭文造在镜纽上，较为少见。镜纽是镜背面中心穿绳的孔，镜背面，纽周围的装饰部分称之为纽座，宋以后镜纽带座的较少，与整个镜面的比例较小，造型简单。相较于汉唐时期，镜纽较大，高度一般高于镜缘最厚处，便于把握的形制，这种变化与人们的生活方式发生改变有关，汉唐时期，人们席地而坐，铜镜需要插进镜架上，或者手持使用，例如东晋顾恺之《女史箴图》中铜镜的使用方法。到了宋代，生活起居形式发生变化，垂足而坐已经成为人们日常起居模式，因为椅子等家具的出现，与之相配的可依靠的镜台、镜架等也广泛使用，因此，镜纽逐渐退化，湖州镜基本上不会装饰镜纽。有观点认为此时镜纽已失去实际使用价值，镜纽的存在仅为循序旧制而已。

宋代是中国历史发展中的一个变革时期，一方面，宋朝并未达成政治上的大一统，面临四方强敌，守内虚外的政策增加了百姓的焦虑；另一方面，宋代经济和文化取得了前所未有的发展。这些矛盾都如实反映在了宋代铜镜上，通过对这四面宋代铜镜镜背的人物故事纹饰以及商业性质铭文的解读，更加深入地了解宋代社会及其高度发达的文化和经济状况。

（吕淑颖）

宋钧瓷三件

自然温润 色彩绚丽

钧瓷以其七彩辉映、让人心旌动摇的绚丽色彩和自然的窑变艺术效果引人入胜，是中国历史上的名窑奇珍，被誉为"国之瑰宝"。在宋代就享有"黄金有价钧无价""纵有家产万贯，不如钧瓷一件"之盛誉。

钧窑是我国宋代五大名窑之一，与汝、官、哥、定诸窑并驾齐驱。钧窑位于河南省禹州市，因古属钧州，故名。钧窑创烧于唐代，盛烧于宋代。在唐代烧造花釉瓷，在黑釉上饰以天蓝、乳白色斑点，富有情趣。因其胎釉产地和装饰特征与钧瓷有诸多相似之处，被后世学者戏称"唐钧"。

到了宋代，钧窑系以河南禹州为中心，影响面较广，邻近的临汝、郏县、宝丰，豫西的新安、宜阳，豫北的辉县、淇县、鹤壁、林县、安阳，河北省磁县，山西省浑源，内蒙古自治区包头等地，都发现了烧造钧窑瓷器的窑址。禹州西部和西南部山区盛产瓷土、煤和木柴等烧造瓷器的原料，目前发现钧窑在禹州的烧造遗址多达上百处，如禹州城区、神垕、磨街、鸠山、

宋钧瓷鸡心罐

北宋（960—1127）

高8.2厘米，口径5.2厘米，底径5.2厘米

宋钧瓷双耳杯

北宋（960—1127）
高6.2厘米，口径9.6厘米，底径4.8厘米

宋玫瑰紫窑变钧瓷碗

北宋（960—1127）
口径20厘米，底径6.5厘米，高8.2厘米

鸿畅、苌庄等地，尤其是城北门里的钧台窑，还被定为官窑，专门为宫廷烧造各式御用花盆。经过考古工作者全面钻探和发掘，获知钧台窑东起禹州城墙边，西至古钧台，北靠城墙界，南达马号门街路南，东西长约1100米，南北宽约350米，总面积达30多万平方米。堆积层一般在1米左右，最厚处达2米以上，可见当时窑业之盛。发现窑炉、作坊、灰坑等遗迹及大批窑具、瓷片、瓷土、釉药、彩料和砖瓦等建筑材料。瓷片数量最多的为钧瓷，其次还有汝瓷、影青瓷、天目瓷和扒村窑类型的白地黑花瓷。更重要的是，在该窑址发现有用钧瓷制作的"宣和元宝"钱模（1101—1125），其上还滴有一点钧釉。据文献记载，宋徽宗崇宁"四年（1105）十一月，以朱勔领苏杭应奉局及花石纲于苏州……帝时垂急花石，京讽冲密取浙中珍异以进，初致黄杨三本，帝嘉之。后，岁岁如贡五六品，至世渐盛，舳舻相衔于淮汴，号花石纲……"北宋末年，皇族骄奢淫逸，大肆搜罗"嘉花名木，类聚区别"，与之配套的花盆等亦应相当出色。考古发掘证实，钧台窑钧瓷烧造区，除极少数产品为生活日用品外，多数为花盆、盆奁儿等配套陈设品及瓶、尊和鼓钉洗之类的文房用品。各类花盆、盆奁儿造型多样，如葵花式、莲花式、六角形、方形、长方形等，器底按照器型大小刻有一至十的号码，盖为同号配套。出土器物胎质坚固、细腻致密，造型端庄规整，釉色光亮莹润，器表有蚯蚓走泥纹或开片，且一般器物的底足上满釉，工艺精细，窑变奇特，巧夺天工，极富诗情画意。特别是通体皆红的铜红釉，窑变美妙，色彩缤纷。

钧瓷的主要特征是紫口，铁足，芝麻酱底，器表有开片。部分器物施釉干燥过程中，釉层产生裂痕，入窑烧制高温阶段黏度较低的部分流入空隙，留下恰似蚯蚓走过湿泥的痕迹，本属缺陷，却被人所追捧"有蚯蚓走泥者尤好"。钧瓷的造型端庄规整，古朴典雅，胎质坚固，细腻致密，器表不以刻画作装饰。其釉为乳浊釉，釉质光亮莹润、含蓄，有"似玉、非玉、胜于玉"的审美体验。釉色主要有天青、豆青、天蓝、月白炒米黄、紫红等色。钧瓷无论是造型艺术，还是釉色风格；无论是审美追求，还是艺术成就都显出一种自然天成的"淡雅"风范，在看似"平凡""平淡"中，极具典雅之魅力。

开封市博物馆也珍藏有数量较多的钧瓷器物，其中不乏精品。

宋钧瓷鸡心罐，敛口，丰肩，鼓腹，圈足，施青灰釉，釉面有细小开片。口部釉薄处露出浅褐色胎体颜色，圈足内施青灰釉，足底施浅褐色护胎釉。观之形端庄优美，典雅大方，釉面匀净含蓄，光亮自然。

宋钧瓷双耳杯，撇口，腹壁较直，下腹内收，圈足，两侧对称有波折形扁耳，施天蓝色釉，口沿和耳边缘露出胎体的褐色，圈足壁无釉。整体造型厚重古朴，似商周的铜簋，釉质莹润肥厚，呈乳浊状。

钧瓷最闻名的窑变釉色，是由于釉中含有微量的氧化铜，创造性地烧出了紫红釉色，这是宋代瓷器发展史上的一个创造。其釉色是自然形成，非人工描绘，每一件钧瓷的釉色都是特别的，五彩缤纷。釉以铜为呈色剂，利用还原焰烧成，由于窑内位置的不同，火候的强弱和还原气氛的影响，出现变化多样的窑变。红紫相映，溶蚀交辉，形如流云，灿如晚霞，变幻莫测。正如人们所说的"入窑一色，出窑万彩""钧瓷无对，窑变无双""千钧万变，意境无穷"，古人曾用"出窑一幅元人画，落叶寒林返暮鸦""雨过天晴泛红霞，夕阳紫翠忽成岚""峡谷飞瀑菟丝缕，窑变奇景天外天"等诗句来形容钧瓷窑变之妙。

宋玫瑰紫窑变钧瓷碗，碗口微敛，深腹，圈足，胎质纯厚紧密，扣之清脆悦耳。内壁施天蓝釉，口沿处有一大片玫瑰紫色斑，斑中还有两小块鹦哥绿，玫瑰紫与天蓝色错综掩映，互相衬托，如夕阳晚霞熠熠生辉。碗外壁满施玫瑰紫色釉，釉色变幻迷离，看上去如怒放的玫瑰。俗有"钧窑挂红，价值连城"之谚，许之衡所撰《饮流斋说瓷》一书也道："全器紫者不易见……"可见此件玫瑰紫窑变钧瓷碗不仅身价极高，亦极其难得。

钧瓷以其七彩辉映、让人心旌动摇的绚丽色彩和自然的窑变艺术效果引人入胜，是中国历史上的名窑奇珍，被誉为"国之瑰宝"。在宋代就享有"黄金有价钧无价""纵有家产万贯，不如钧瓷一件"之盛誉。窑变的出现改写了唐代以来"青、白瓷一统天下的历史"，更凝聚了中国劳动人民智慧和艺术的结晶。

（赵　龙）

宋登封窑白釉珍珠地瓷枕二件

白釉珍珠 贡窑珍品

这件娃娃卧莲纹瓷枕制作工艺繁杂而不失精细，刻画的卧莲娃娃生动形象、憨态可掬，欢快地嬉戏于莲池之间，怡然自得，尽显童趣，是宋代登封窑的精品之作。

登封窑即登封曲河窑，窑址附近庙内一座清嘉庆二十一年（1816）重修观音文殊普贤三菩萨堂碑记说："池名曲河，面水势也，其中风景物色，宋以前渺无可稽。尝就里人偶拾遗物，资诸文献通考而知，当有宋时窑场环设，商贾云集，号邑巨镇。金元两代亦归淹没……堂创于何时，蚕无可考……"由此可知登封曲河窑始烧于隋唐、衰落于金元，北宋达到全盛时期。登封窑的装饰主要以珍珠地划花及白釉刻线纹为特征。珍珠地划花创始于密县（今河南新窑）西关窑，登封与密县相毗邻，登封曲河窑承袭了密县西关窑的装饰工艺与艺术风格，并有所改进和发展，以独特的装饰技法成为宋代北方民窑中最具代表性的窑口之一，同时也是北宋早、中期为宫廷烧造瓷器的贡窑之一。据《元丰九域志》记载，河南府在北宋神宗元丰年间（1078—1085）贡瓷器二百件，河南府十三属县中出产瓷器的有巩县、密县、登封和新安等地。开封市博物馆藏的这两件白釉珍珠地瓷枕便是宋登封窑制作的瓷器精品。

　　瓷枕的装饰方法大体可以分为胎装饰和釉装饰两类。所谓胎装饰，即对胎体的加工改造，如运用刻、划、剔花，以及化妆土装饰、堆塑等手法而达到的瓷器装饰效果，如珍珠地、刻划花等；釉装饰，即通过胎体上的釉、彩的附着与绘画而达成的装饰效果，如白地黑花、三彩等。珍珠地是我国宋代北方瓷窑普遍使用的装饰方法之一。其制作工艺首先在器物胚体上施白色化妆土，再于其上划出主题纹饰，在纹饰以外的空间（或在纹饰内）用小圆孔工具戳印出如珍珠状细小的圆圈，最后在器物上施透明釉入窑烧成，烧成之后就像珍珠饰地一般精彩美妙，提升了装饰效果的立体感与层次感，故得名珍珠地。

　　宋登封窑白釉珍珠地娃娃卧莲纹瓷枕呈豆形，白地绘赭石色花，枕面周边饰回纹，中间刻画折枝莲花，一个带兜肚婴儿，两腿一伸一蜷，仰卧在莲花之上，作玩耍状，画面空隙处布满赭石色珍珠地。前后壁均刻画有莲叶纹饰，底部无釉，胎呈灰白色。婴戏纹是我国的传统吉祥纹饰，因表现儿童游戏场景，故名。婴戏纹这种题材在瓷器上使用最早见于唐代的长沙窑，宋代的磁州窑系和景德镇青白瓷上也较为常见。从宋至明清，受瓷器装饰技法进步的影响，婴戏纹逐渐丰富，从最初的一两个孩童玩耍发展

宋登封窑白釉珍珠地娃娃卧莲纹瓷枕

北宋（960—1127）
高15厘米，枕面长10.9厘米，枕面宽15厘米

宋登封窑白釉珍珠地"皇帝万岁"剔花瓷枕

北宋（960—1127）
高10.4厘米，长22厘米，宽18.7厘米

到五子到十六子,甚至"百子迎福""百子嬉春",寓意连生贵子、五子登科、百子千孙的婴戏图案,大量出现在瓷器、刺绣、银器、漆器等不同的工艺品装饰之中,既反映了传宗接代的宗法观念对古人思想生活的影响,同时也表达了广大劳动人民追求太平盛世的美好理想,因为只有当国家太平、民众安居乐业时,儿童才可以无忧无虑地健康成长。馆藏的这件娃娃卧莲纹瓷枕制作工艺繁杂而不失精细,刻画的卧莲娃娃生动形象、憨态可掬,欢快地嬉戏于莲池之间,怡然自得,尽显童趣,是宋代登封窑的精品之作。

宋登封窑白釉珍珠地"皇帝万岁"剔花瓷枕,其造型为前低后高,枕面为腰圆形,枕边塑成葵形,枕面的边缘随形刻画一周卷草纹为边饰,主题图案以珍珠为地刻莲叶纹。枕面正中刻写"皇帝万岁"四字,图案纹饰内空白处用珍珠地填充,通体施白釉。瓷枕造型端庄、饱满,装饰技法娴熟,"皇帝万岁"四字透出皇室的威严和贵气。"皇帝万岁"四字吉语是封建社会臣民对帝王顶礼膜拜的产物,常见于钱币、石刻上,书写于瓷器上的较为罕见。

"万岁"与封建帝王画上等号,成为皇帝的代名词,经历了一个漫长的发展演变过程。在甲骨文中,无"万岁"亦无"万寿无疆"的记载。在西周中晚期的金文中,有"眉寿无疆""万寿无疆",并亦有"万寿"的记载,但是它并不是专对天子的赞颂,而是一种行文款式,铸鼎者皆可用。如"唯黄孙子系君叔单自作鼎,其万年无疆,子孙永宝享"。显然,这里的"万年无疆",不过是子孙常保,永远私有之意。

《诗经·豳风·七月》:"跻彼公堂,万寿无疆。"《小雅·南有嘉鱼》:"南山有桑,北山有杨。乐只君子,邦家之光。乐只君子,万寿无疆。"这里的"万寿无疆"均是描写年终时人们在村社的公堂中,举行欢乐的仪式后,举杯痛饮,发出兴高采烈的欢呼声。

从战国到汉武帝之前,"万岁"的字眼尽管也常常在帝王和臣民口中出现,但其用意可分为两类:其一,意为死期,如刘邦定都关中后,曾说:"吾虽都关中,万岁后,吾魂魄犹乐思沛。"这里所说"万岁后"即表明死后,与后来被神化的"万岁"大相径庭。其二,表示欢乐。《事物纪原》中有这样的记载:"战国时,秦王见蔺相如奉璧,田单伪约降燕,冯谖焚孟尝君债券,左右及民皆呼万岁……"不管怎么说,这个时候的"万岁",还不是皇帝的专用词,普通老百姓都可以用,就连人名也可以叫万岁。有据可查的人名有:东汉章帝之子刘万岁、北齐后主时的韩万岁、西晋文帝时的大将军李万岁、唐高祖时刘武周部将张万岁……凡此种种,不胜枚举。

但是,唐玄宗以后,文献中再也看不到以万岁为名者。究其原因,其一,武则天连续以"天册万岁""万岁登封""万岁通天"作为年号,以一种极其特殊的形式,强化了"万岁"一词的神圣色彩,更是向天下士庶百姓宣告了这一词的"皇室化"。其二,武曌、玄宗时期,经过一个世纪的推行和完善,科举制已成为唐代社会选举制度的主流,这种以儒家经典为主要内容,将儒学以政治道德为核心的学说确立为标准答案的选人机制的长期推行，使儒学全面渗透到社会政治、文化生活当中，儒家传统的"大一统""君权至上"以及忠孝节义等伦理道德，不自觉地、深刻地规范着人们的思想。其三，中唐儒学复兴运动，进一步巩固和强化了儒家的正统地位，儒家所宣扬的圣贤之道，不仅成为社会政治与社会生活的中心，也成为人们精神信仰的中心。因此，任何不符合圣贤之道的行为都被视为大不敬。自然，已与最高统治者画上等号的"万岁"也就不能为他人所使用了。

至北宋时，"万岁"一词已完全为皇帝垄断专用。据《寇准传》载：一日寇准骑马出行，"道逢狂人迎马呼万岁"，结果此事被寇准的政敌张逊告发。寇准被罢去同知枢密院事之职，降至青州任职。又据《曹利用传》载：北宋大将曹利用的从子曹汭，一次喝醉了酒，"令人呼万岁"，被人告发，杖责而死。以上两则史实说明，宋朝除了皇帝，绝对不允许任何人称呼"万岁"。自此"万岁"一词成为皇帝的专用名词。

这件北宋登封窑白釉珍珠地剔花"皇帝万岁瓷枕"，不论是其烧造工艺还是装饰技法都可以断定为北宋时期登封贡窑烧造的高端产品。尤其是"皇帝万岁"四字铭文，更进一步证明了这是一件贡奉朝廷、皇帝专用的御用品，枕面用莲荷纹烘托"皇帝万岁"纹样，有称颂皇帝品格高尚、清平廉洁之意。所以这件瓷枕不仅是研究北宋时期登封窑烧造御用贡瓷的第一手资料，同时也是研究北宋政治、历史较为珍贵的实物资料。

（仝留洋）

宋代禁兵官印两方

神虎握权 调兵遣将

> 宋代官印制度是中国古代官印制度集大成者，其形制、字体等方面都已趋于成熟，因而对后世印制影响甚大。

宋代官印制度是中国古代官印制度集大成者，其形制、字体等方面都已趋于成熟，因而对后世印制影响甚大。其一，印文使用"缪篆"，其字不易辨识，显得神秘而权威。其二，印背大多镌刻铸造年月及铸印机构名称——少府监和文思院（早期的官印没有镌刻铸印机构）。其三，隋唐以前官印较小，而且纽上有穿，用以系绶佩带。宋时的官印为橛纽，已无穿。其四，宋代官印是由宝、印、记三部分构成。帝、后及太子印称"宝"，各级行政、军事机构印称"印"，其属吏及诸军将校印称"记"或"朱记"。

记与朱记应起于唐代，现有唐代"大毛村记"和"蕃汉都指挥记"等可以佐证。但在唐代这种用法还不多见，到宋代才被广泛地用于下级官

神卫右第一军第二指挥第四都朱记

北宋（960—1127）
边长为5.3厘米，通高4.4厘米
1963年在开封市征集

吏的印中。《宋史·舆服志》载："又有朱记，以给京城及外处职司及诸军将校等，其制长一寸七分，广一寸六分。"一宋尺合0.9216市尺，即30.72厘米。若据此推算的话，"虎翼"印和"神卫"记载大致吻合。所以，"其制长一寸七分，广一寸六分"的印制，现在只能认为是一种原则性的规定，少府监在具体铸造过程中，似乎有较大的灵活性，或铸为正方，或铸为长方，尺寸或大、或小，并非毫厘不爽，但大致在宋制一寸六七分左右。由实物测量为公制5厘米至5.5厘米之间。

印文为缪篆，印背阴刻"太平兴国三年二月铸"。印面呈正方形，纽顶端刻有"上"字。

印文为缪篆，印背阴刻"端拱元年八月铸"。印面呈长方形，纽顶端刻有"上"字。

按照北宋时成书的《武经总要·军制》中的记载："大凡百人为都，五都为营，五营为军，十军为厢，或隶殿前，或隶两侍卫司"。卷二《日阅法》另记有："凡五百人为一指挥，其别有五都，都一百人，又统以一营居之。"所以，北宋禁军应分为厢、军、指挥（营）、都四级编制，这两方官印为都一级军官的印信，所辖兵员百人左右，大致相当于现代军事编制的连级单位。都统一称为兵官，马、步兵稍有不同。马兵为军使、副兵马使；步兵为都头、副都头，其下又同有军头、十将、将虞候、承局和押官。

神卫军是北宋资格最老的部队之一。后汉初创时命名为奉国军，是郭

虎翼右第一军第三指挥第四都记

北宋（960—1127）
边长为5.5厘米×5.2厘米，通高4.3厘米
1975年出土于开封市祥符区西姜寨乡大律王村

威属下的一支劲旅,并为其夺得皇位立下了汗马功劳。后周时改名虎捷军,与铁骑军、控鹤军、龙捷军合为后周四大主力。北宋雍熙四年(987),宋太宗时虎捷军自此改名为神卫军,隶属侍卫步军司,并与捧日、天武、龙卫各军一起,同入北宋禁兵的上军,合称上四军。

北宋三衙所率禁兵,以身高、武技等为标准,分为上、中、下三军,并给予不同的军俸。如宋仁宗时制订的《禁军选补法》规定,神卫军军士身高要达到宋尺五尺七寸五分,即约1.78米,开约50千克的弓,166千克的弩才能入选。仅从这两方面,就足见北宋上禁军要求之高。入上禁军条件虽然严格,但军俸也高,每月俸钱一贯即1000文,而中禁军仅700文或500文,下禁军则更少,每月不满500文,不及上禁军的一半。

这方"神卫右第一军第二指挥第四都朱记"军印的出土地点,是开封县(今河南开封祥符区)西姜寨乡大律王村,位于开封城西南十几千米处,这也与《宋史·军志》中该军始终驻扎于京畿地区的记载相一致。

宋真宗大中祥符四年(1011),侍卫步军司虎翼从本军中选出善水战的军士组成了上虎翼。第二年,真宗皇帝又"诏在京诸军选江、淮士卒善水战者习战于金明池,立为虎翼水军"。虎翼水军共分两指挥,殿前司和侍卫步军司各领一营。

虎翼军虽然只是中军,不入上四军之列,但是其兵员众多,当是北宋禁兵中的一支主力。殿前司虎翼军"旧指挥六十二,景德中增六",共68指挥。侍卫步军司虎翼军"旧指挥七十五,庆历中,增置二十一,总九十六。"这样庞大的编制，在京城诸军中是绝无仅有的。若按五指挥为一军，十军为一厢的基本编制，也只有侍卫步军司的虎翼军能达到这一标准。宋神宗继位后开始整顿军制，裁汰冗兵。熙宁三年（1070）十月曾下诏将殿前司虎翼军除水军一指挥外，削减为60指挥。虽有裁撤，兵力仍十分可观，若仅就此而论，上四军也无法与之匹敌。

殿前司虎翼军共68指挥，全部驻扎于京城附近。侍卫步军司虎翼军96指挥，除襄邑、东明、单州各有一指挥，长葛有二指挥外，其余91指挥(包括水军)，也都驻扎于京城。这方"虎翼右第一军第三指挥第四都记"，虽无确切出处，但它征集于开封市，其出土地点也不会距开封太远。只是现在还无法辨别其为殿前司虎翼军或侍卫步军司虎翼军的遗物。

（曾广庆）

宋红绿彩瓷器

大红大绿 彩瓷渊源

红色自古以来在中国传统文化中代表着热烈、喜庆与吉祥，而红绿搭配所营造出的"大红大绿"则更是浓艳色彩效果的突出表现，给人带来强烈的视觉冲击。

　　红绿彩瓷器是在高温白釉或白地黑花瓷烧成后，在白釉上用红、绿、黄等色彩勾画出纹饰，再入窑以 800℃ 左右的低温烧成。这种绘彩工艺，属于釉上彩绘，又称"宋加彩""金加彩"。红绿彩瓷器以红、黄、绿彩为主，但每种彩又有深浅不同的色阶。红彩是以铁为呈色剂的矾红彩，用青矾加热、煅烧而成，最大的特点是将彩施于器表之前就已呈现红色，在施彩时就已知道其烧成后的呈色。红彩一般为正红色或称枣红色。绿彩则有翠绿、墨绿、褐绿和浅翠绿等不同呈色，这是在配制彩时控制呈色物质而有意造成的。黄色则有浅黄、明黄和金黄等色。红绿彩瓷常与釉下棕褐彩和黑彩相配合，是宋金时期创烧的独具特点的装饰工艺。

宋红绿彩骑马女俑

北宋(960—1027)
高11.2厘米、长7厘米、宽2.4厘米

生产红绿彩瓷器的窑口主要分布在黄河流域。迄今，经正式考古发掘，发现红绿彩瓷的古窑址有山西长治八义窑、河北磁县观台窑、河南鹤壁集窑、焦作牛庄窑、山东淄博磁村窑等，可以确认这几个窑口烧造红绿彩瓷。其中，生产规模最大、品种较丰富的窑口当为长治八义窑。该窑口以烧制红绿彩瓷为主，也烧制质量上乘的黑画花或铁锈花及其他品种瓷器。器型以日用的碗、盘、碟为普遍，也有捏塑或模制的人物、动物俑等。开封市博物馆馆藏的这五件红绿彩人物俑为宋金时期北方窑口烧造，胎体模制，空心，通体施白釉，制作精细，造型生动，细致准确地雕塑了宋金时期人物的服饰、发髻、鞋帽等，是研究宋金时期妆饰艺术的珍贵文物资料。

宋代是我国古代封建社会中高度发展与繁荣的历史时期，商业、文化、社会生活等各方面均达到了全新的历史高度。文化的繁荣体现在社会生活上，是宋人更加注重自身的内外修饰。宋代服饰相较于唐朝服饰发生了较大变化，崇尚复古之风，仿周代制度，加之受程朱理学思想的影响，宋代社会的审美更加注重质朴、素净与简洁。这一点在宋代女性服饰上表现得尤为突出，少了唐朝服饰的艳丽奢华，更加注重素雅之美与实用。

褙子是宋人的常见服饰，男女装束有很大的不同，男装褙子宽松，而女装褙子窄小。男子褙子用来内穿，而妇女褙子用来外穿当作常服。式样是对襟、交领、窄袖、衣长至膝。特点是非常瘦窄，甚至贴身。由于这种服装式样新颖又省料，所以很快就流行了起来，不但贵族女子喜欢穿，一般的女子也仿效。这也表明，宋代人注重经济实用，除了头髻外，穿衣尽量节约衣料，这样既便于行动，又夸张了女性的曲线美。宋红绿彩骑马女俑穿着对襟交领褙子，左衽，前面开衩，便于骑马，脚蹬黑靴，右手持缰立于胸前，左手自然垂落以保持平衡；嘴角上翘，眉目弯如月牙，神态颇为喜悦与得意。持扇女俑与抱狗女俑身披对襟直领褙子，内穿交领长裙，人物衣着的主要色调以红彩为主，衣服的边饰以绿彩搭配；持扇女俑手持一团扇，头部微侧，目光向下，仿佛在同人交流，抱狗女俑眉目清秀，神态端庄，双手抱一只黑色斑点小狗，俨然一副贵妇形态。

发式，是指头发梳成的各种样式。古代女性最常见的发式是发髻，就是将头发挽束起来，盘结于头顶或是脑后。由于挽束的方式不同，所以形成的发式也各不相同。历朝历代女性的发式都各具特色，反映着不同的时代特征。宋金时期的女性，一改唐朝以来浓妆艳抹的妆饰风格，大多崇尚淡雅清新的妆饰手法，同时又不失美观大方。

宋代女性秉承唐、五代遗风，以高髻为美。这一点在宋人所作诗词中体现得尤为明显，如"门前一尺春风髻，窗内三更夜雨裳""小妇梳髻高一尺，梭声轧轧当户织"等，从这些词的描述可以窥见其发髻高大之一斑。为宋代女性所推崇的常见高髻发型主要有朝天髻、同心髻、螺髻、包髻、坠马髻、便眠觉（盘福龙）等。朝天髻的基本特征是梳高髻于头顶。具体来说，是将头发于头顶部分编成两个圆柱形，然后反搭向前额。为了使发髻显得高大，一般在发髻底部都插有固定整个髻的钗环等饰物。

同心髻由朝天髻演变而来，但是比朝天髻的造型要简单，可能是女性

宋红绿彩持扇女俑

北宋（960—1207）
高10.3厘米，长4.3厘米，宽3.1厘米

宋红绿彩抱狗女俑

北宋（960—1207）
高12.7厘米，长4厘米，宽2.7厘米

在编扎发髻的过程中，逐渐改进的结果。持扇和抱狗女俑即为此发髻。这种发式只需要将头发绾结到头顶，扎成一个圆形发髻，这样一来，既省去了朝天髻的烦琐工序又不失美观，在南宋初年有所盛行。陆游曾记载蜀地三峡一带，女性"未嫁者，率为同心髻，高二尺，插银钗至六支，后插大象牙梳，如手大"。宋词中也曾有"双螺未学同心绾"的描写，可见，这种发式是宋代女性的一种常梳髻型。

宋代少女多梳双髻，即在头上或在额旁梳成两个小鬟。骑马女俑即梳双丫髻，俏丽可爱。宋代黄庭坚有"学绾双鬟年纪小"和"云鬟垂两耳"诗句。宋代晏几道诗有"垂螺拂黛清歌女""犹绾双螺"，其他如"两两青螺绾额旁""双螺未合"等，都是形容还未到梳成发髻时的少女发饰形式。

红色自古以来在中国传统文化中代表着热烈、喜庆与吉祥，而红绿搭配所营造出的"大红大绿"则更是浓艳色彩效果的突出表现，给人带来强烈的视觉冲击。红绿彩瓷器装饰工艺的出现，既反映了宋金时期社会广大人民群众的审美偏好与价值追求，同时，也开创了中国陶瓷史上瓷器多彩装饰的先声，孕育着后世景德镇五彩等釉上彩绘瓷器的萌芽。

（仝留洋）

宋拓《十七帖》
书中之龙 法帖之祖

《十七帖》笔画形断神续,轻灵流畅,章法从容,疏密有序,风格典雅,已彻底摆脱了隶书用笔体势结构的束缚,在魏晋章草向唐代大草发展的过程中起到了承前启后的作用,是中国书法史上最为重要的变革。

　　《十七帖》是书圣王羲之的草书代表作品。据唐张彦远《法书要录》记载,"太宗皇帝购求二王书,大王书有三千纸,率以一丈二尺为卷,取其书迹与言语以类相从缀成卷"。《十七帖》即其中的一卷,以第一帖首"十七"二字故名。《十七帖》是王羲之写给朋友益州刺史周抚的一组书信,书写时间从永和三年(347)到升平五年(361),时间长达14年之久,是研究王羲之生平和书法发展的重要资料。《十七帖》笔画形断神续,轻灵流畅,章法从容,疏密有序,风格典雅,已彻底摆脱了隶书用笔体势结构的束缚,在魏晋章草向唐代大草发展的过程中起到了承前启后的作用,是中国书法史上最为重要的变革。唐宋以来,《十七帖》一直作为学习草书的无上范本,被书家誉为"书中龙也"。《十七帖》真迹早已不知下落,传世多为摹刻本,且版本众多。北宋晚期书法家、书学理论家黄伯思认为传世《十七帖》来源有二:"其一于卷尾有敕字,及褚遂良、解如意校定者",即唐摹馆本;其二,"盖南唐后主煜得唐贺知章临写本勒石置澄清堂者",即所谓贺监临本。今传世《十七帖》刻本众多,虽间有他人的临本,但基本上不脱此两类。开封市博物馆收藏的《十七帖》,帖尾有"敕"字及褚遂良、解如意校字样,属馆本。善本碑帖鉴赏家张彦生先生曾对该帖进行过鉴定,认为"是原宋库装后重装,原装纸面未动,本大甚,冯铨跋,签题唐刻本,纸墨精洁"。1990年7月经专家鉴定为"宋拓",属一级文物。

该帖为纸质拓本,单页横35.50厘米,纵26.00厘米。拓本纸墨黝古,字口清晰,计十四页,系整开拓本装帧,未经裁剪。全帖一百三十四行,有十七日帖、逸民帖、龙保帖、丝布帖、积雪凝寒帖、服食帖、知足下帖、瞻近帖、天鼠膏帖、朱处仁帖、七十大庆帖、邛竹杖帖、省足下别疏帖、盐井帖、省别帖、旦夕帖、严君平帖、胡母帖、儿女帖、谯周帖、讲堂帖、诸从帖、成都城池帖、旃罽帖、药草帖、青李来禽帖、胡桃帖、清晏帖、虞安吉帖共29帖,总计1160字,其中70余字有不同程度的蛀蚀。帖尾有"敕"及"付直弘文馆,臣解无畏勒充馆本,臣褚遂良校无失",末有"僧权"二字(仅右半部)押署。钤有"晋府书画之印""敬德堂图书印""子子孙孙永宝用""十二砚斋""解仰曾行一字东石印记""谟觞仙馆"等印鉴。附帖有冯铨、罗振玉、吴宝炜、马吉樟、翁廉、周震鳞、王德文等人的题

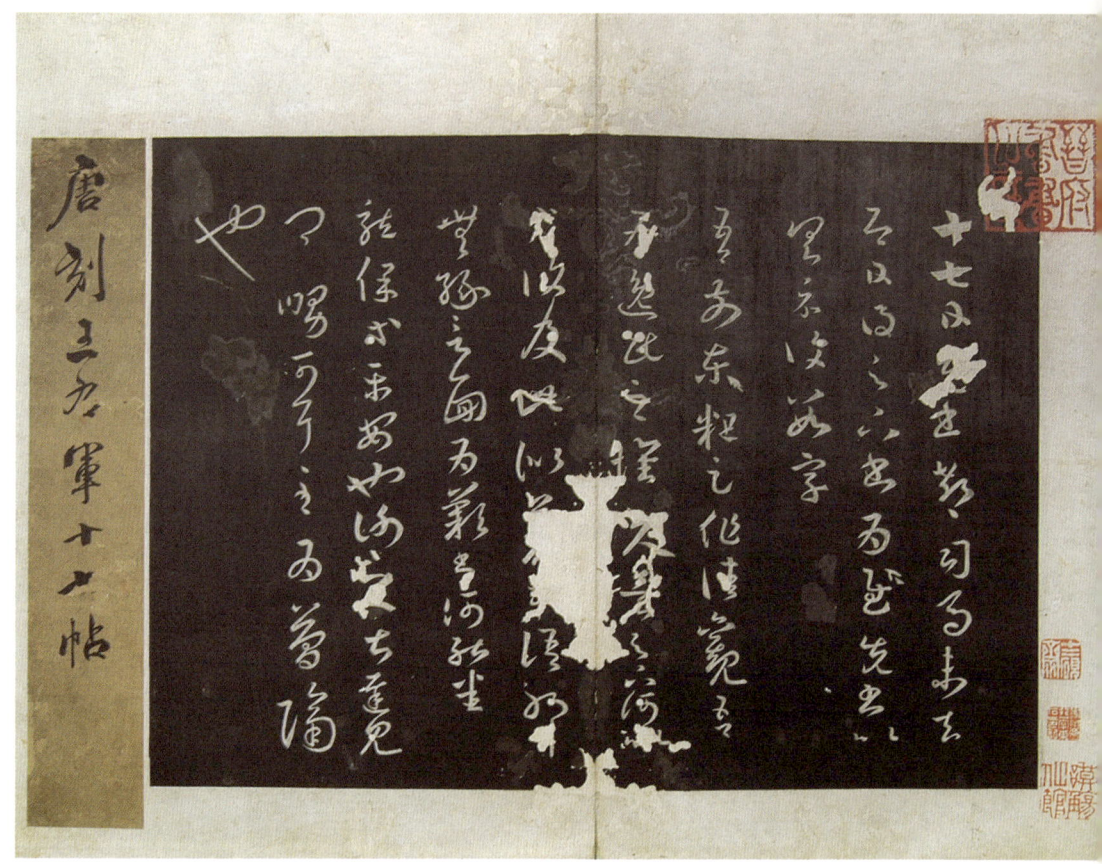

拓本首页

跋和释文。

　　该书帖之上，各类印鉴、题跋、题签等形式丰富，充分显示其流传有序，价值珍贵。从帖上印鉴来看，帖首右上方有"晋府书画之印"，帖尾左上方有"敬德堂图书印"，其下有"子子孙孙永宝用"，均朱文。

　　此三印为明代晋府收藏印，印的篆法风格、印泥气色都属于明代初期的式样。同时，收藏印鉴的钤盖位置参照其他晋府收藏的碑帖、拓片，如

拓本末页

《兰亭序》《神策军碑》等,均为首开钤"晋府书画之印",末开或中部钤"敬德堂图书印""子子孙孙永宝用",制式相同,基本可以判断该帖为明初朱㭎或朱济熺时期(1370—1414)的晋府收藏。

帖首右下侧,由上向下依次钤"十二砚斋"(白文)、"谢仰曾行一字东石印记"(白文)、"谟觞仙馆"(朱文)。

"十二砚斋"主人可考者有二:一为汪懋鳞(1640—1688),字季用,

晋府印鉴

号蛟门，江苏扬州人，清初著名学者。康熙六年（1667）进士，授内阁中书，后以刑部主事入史馆充纂修官，参加《明史》编纂。建有百尺梧桐阁，园以阁名。园内东南有十二砚，因其梦见十二砚入怀故名。另一为汪鋆（1816—？），字研山，清末画家，江苏仪征人，精通金石，善画山水花卉，著有《十二砚斋金石过眼录》等。清代篆刻家、书法家，包世臣的入室弟子吴熙载（1799—1870）曾为汪鋆刻"十二砚斋"印，并为其作隶书横披"十二砚斋"，落款："蛟门先生昔有此斋名，今砚山蓄砚如之，又其族姓，故仍之。"说明汪鋆沿用了前辈同族的斋号。但两位"十二砚斋"主人均没有明确收藏《十七帖》的记载，而汪鋆所处时代及生平经历倒更为接近。

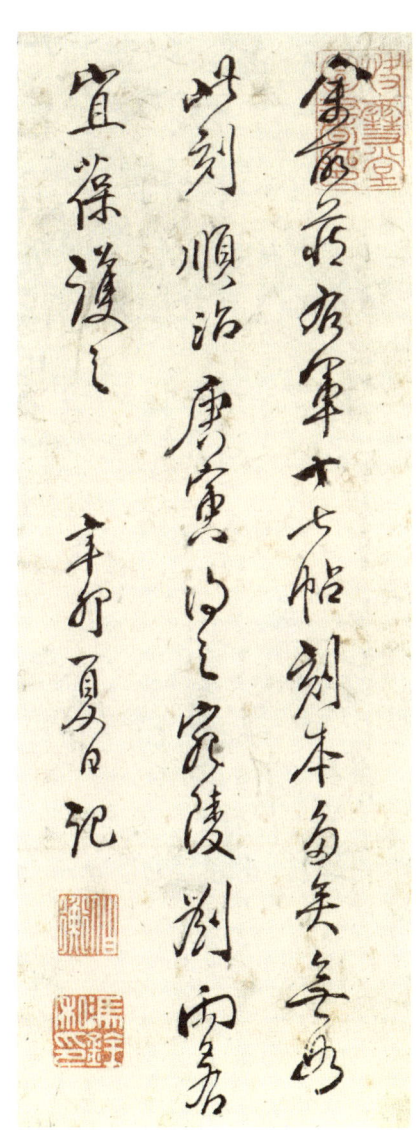

冯铨题跋

"觯仰曾行一字东石印记"：谢仰曾，生卒不详，字省三，一字东石，浙江山阴（今绍兴）人，精鉴别，富收藏，书学《十七帖》《礼器》，篆刻宗法"西泠八家"之一的陈鸿寿（1768—1822），是清代篆刻名家。

"谟觞仙馆"应为藏书印，印主人待考。

该帖题跋内容丰富，时代跨度从清初直至民国时期。帖首题跋为冯铨所书："余所藏右军《十七帖》刻本多矣，无如此刻。顺治庚寅得之宛陵刘雨若，宜保护之。辛卯夏日记。"钤"快雪堂图书印"（朱文）及"伯衡""冯铨"（均白文）。题跋记述了冯铨于清顺治七年（1650）从刘雨若手中得到该帖，并于次年（1651）题记。其涉及了冯铨和刘雨若两个人物。冯铨（1595—1672），字振鹭，又字伯衡，顺天涿州（今河北涿州）人，明万历进士，累迁文渊阁大学士、户部尚书、加少保兼太子太保。清顺治元年（1644）冯铨降清，历任弘文院大学士兼礼部尚书、少傅兼太子太傅、少师兼太子太师、中和殿大学士等职。冯铨曾收集自魏钟繇、晋王羲之到元代赵孟𫖯等诸多古代名帖，后将这些名帖汇刻成《快雪堂法帖》传世。刘雨若即刘光旸，安徽旌德人，明末清初篆刻家、鉴赏家，生卒年月不详。清顺治初，冯铨爱其才，招其进京，令刻《快雪堂法帖》(今在北京)摹镌精良。进呈顺治帝，帝召见，赐号"古董"又御书"特赐清班"赐刘雨若，授以鸿胪寺序班之职，给了他很高的荣誉。康熙十六年（1677）他又刻《翰香馆法书》丛帖，以其书斋"翰香馆"为名，由钟繇、王羲之、董其昌等28家的82件作品集成。冯铨于明清两朝皆属达官显贵，因收藏王羲之墨迹《快雨时晴帖》等历代名帖而名噪一时；刘光旸时为铁笔名家，此二人皆精于鉴赏，所藏甚丰。冯铨比对所藏《十七帖》诸本，认为"无如此刻"，结论当属客观。

根据民国时期题跋内容，该帖收藏者吴宝炜大约在1918年于开封获得该帖，癸亥（1923）十一月罗振玉曾于帖中原装纸面之上题跋。吴宝炜于民国十七年（1928）题跋并请马吉樟、翁廉、周震鳞、王德文加题。他在跋文中记述收藏该帖之际时局动荡、战乱不止，在姜西溟藏本已外流的情况下，他所藏《十七帖》受人觊觎。但他为保国粹，坚决不

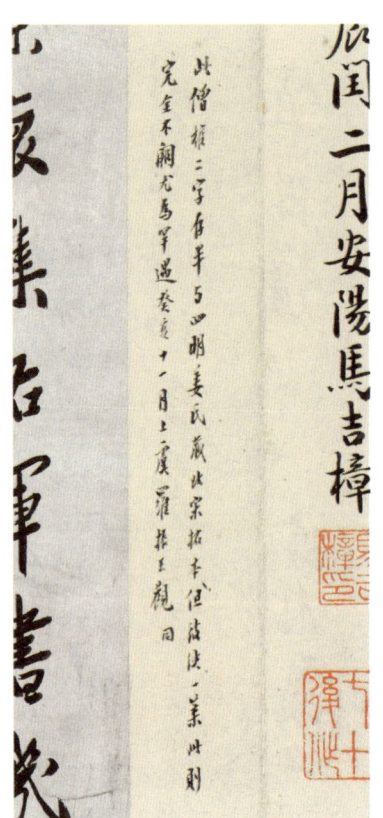

罗振玉题跋

此唐搨絳字館本十七帖晉府舊藏厥心流傳有馮涿州戴汪家
甫題簽予得于汴都近將十載此年來歲時悲亂流寓燕京行
篋有畫半易米鹽有客謂將此帖托某為售曰估可得距金甫鬻
窮因幷櫺篋西渡北來本之端稱唐拓已曾經日人上野有竹渡羅井
言購去發出玻璃版每本售念五幣轉以餉羣但彼佚一葉君
帖完全裝小冊萎價而沾許予這曰果此帖非獨並有保存元當
為中國保存雖蕅金不易也用是取黃帖印本相譬校彼本十七
帖得足下去之子起筆已疏羣前東帖東字茉霜三帖今所注字
渴筆旁俱尔顯瞻逆帖必予省旦下別疏帖峨字旦夕都邑帖旁字
嚴君平帖不字胡母氏帖去此七也字末敘帖里字雲我吉帖
軍字均与唐刻原本尓無毫髮之差瞻彼帖肉旬字曰下多一
小橫若祂作直字胡母氏帖肉吉此玄字直事未芳起蓋訛作
万字更屬傳撫之誤羅振言謂羮本与此同始以至讎權存半
及紙墨熟吉羌相似耳以羮本校文謝山碱本号舘蕅芯本点
間有差別波兩本同為宋拓改佳各有印行本渾檏靈和之筆
韻与予本無異惟予本則具方勁雄強之勢鋒棱宛然神采
奕奕稍勝于各本且甚唐搨原版未經翻裁雖略有蠹
蝕赤較各本為完善予既欣存國粹固已不復有沽售古古
玉敷事篆賣原印以与羮本競時中外廣為流傳俾當世
共知逸少當中之龍汪帖之祖仍在此不在波予雖商窮何
懷忘付印時得哉老友鶡銅士為此摹文更畏助欣賞以感好
此者
中華民國十七年戊辰仲春潢川吳寶煒識

卖与外国人，并变卖家产筹资印行，使世人知"书中之龙、法帖之祖"仍在我中华，"予虽固穷何憾"，表现出崇高的民族气节。其余题跋者或官宦乡绅，或文人书家，皆当时名流，所题均对本帖及吴宝炜作出了高度的评价。

据1986年第三辑《光州文史资料》载马风的文章《著名学者吴宝炜》以及1992年《潢川县志》记载，吴宝炜（1879—1938），字宜常、贻堂，光州人（今河南潢川）。历任浚县知事、安阳一等县知事、河南省河北道道尹。民国三年（1914）任河南省第二届议会议员，1921年军阀混战时去职赋闲开封，1930年任南京中央考古委员会委员。吴宝炜一生酷爱收藏，精于鉴赏，喜好金石文物的考究，著有《周明公彝文释考》《南公鼎文释考》《毛公鼎文正注》《魏三体石经》等，与嵇文甫、关伯益、张伯驹、康有为、罗振玉等人素有交往。

自20世纪60年代，该帖由开封市博物馆代为保管，1983年6月其子吴天中将该帖正式捐赠给开封市博物馆。

该帖题签有四。封面作隶书"唐搨十七帖"，落款"宜记"，钤"宝炜"朱文印，为收藏者吴宝炜所书。扉页有二：一为汪中所题，楷书，虽墨迹有所剥蚀，仍可识"唐刻十七帖"，落款依稀辨认"辛亥夏日""汪中"等字迹。汪中（1744—1794），字容甫，江都（今江苏扬州）人，"扬州学派"的代表人物，"著有广陵通典十卷，秦蚕食六国表，金陵地图考。生平于诗文书翰无所不工，所作广陵对、黄鹤楼铭、汉上琴台铭，皆见称

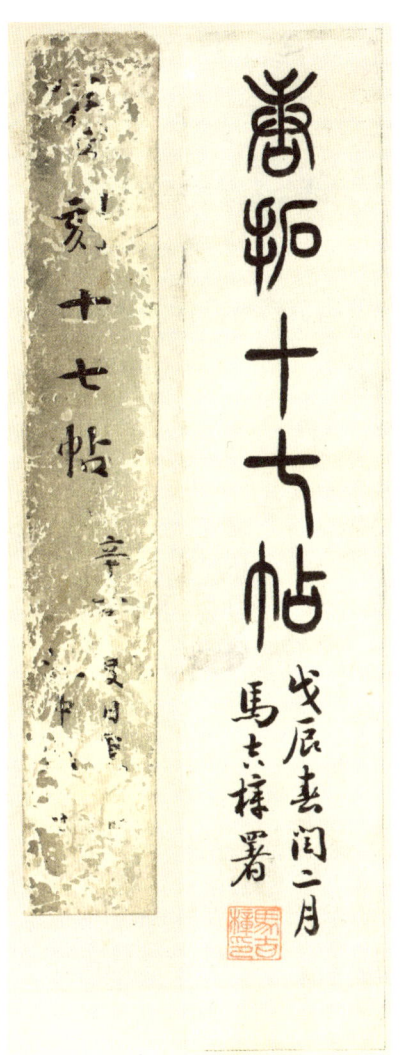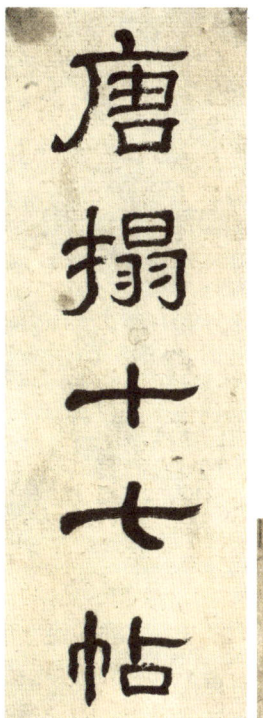

题签

于时。"时人刘端临（字台拱）称："君（汪中）藏书多善本，朱墨烂然，横列座右，杂以金石彝器之属，凡数十年未尝去手。"他是清中期著名的文史学家和藏书家。"辛亥"年应为清乾隆五十六年（1791）。另一为马吉樟篆书"唐拓十七帖"，落款行书"戊辰春闰二月马吉樟署"，钤"马吉樟"朱文印。马吉樟（1859—1931），字积生，号子诚，晚年号坚壮翁。光绪五年（1879）中举，光绪九年（1883）进士，选为庶吉士。曾任清末翰林院编修、国史馆协修、会典馆总校、侍讲、侍读、日讲起居注官、湖北按察使等职。辛亥革命后，任湖北提法使、袁世凯总统府内史、北洋政府总统府秘书等职。所题"戊辰"年应为民国十七年（1928）。又，帖首页左侧有行书"唐刻王右军十七帖"题签，虽无落款，但与冯铨题跋书体一致，应为一人所书。

归纳起来，吴宝炜先生收藏后皆题"唐搨"，之前则为"唐刻"，虽一字之差，但存在着鉴赏认定方面的不同看法。历来鉴赏界普遍认为《十七帖》真迹至宋时已不存，故只能从流传的各类拓本中去找寻书圣书法笔意，而字迹清晰、内容完整的版本无疑拓印更早，更能展现书圣书法神韵而弥显珍贵，这也是该拓本题签不一致的原因。该帖经冯铨、罗振玉、吴宝炜等人的鉴赏，其方法皆为与当时所见藏本进行比对，所谓优中选优，所得结论均认为该帖与其他刻本相较，在各方面都有过之而无不及，故认为是"唐刻"甚至"唐搨"而加以推崇。而目前有研究认为，所谓唐搨应指双勾填墨之法，而刻石传拓之法主要兴盛于宋，北宋以后文献所记唐或唐以前的刻帖，都没有确凿的证据。其实，在研究方面存在争议之时，我们认定拓本的价值并非完全在于争论其是"唐刻"还是"唐搨"，而更应关注其流传经历及与各本间的差异，以及拓本反映书家书法笔意神态的程度。

该帖属馆本，在此，我们将其与馆本中历来为藏家所推崇的吴宽藏本和姜西溟藏本试作比较。粗略校之，吴本"青李来禽帖"缺失2行，"胡桃帖"缺失6字，另有数处残损，帖中不少文字的笔画略显臃肿，点画甚至拖沓，加之拓工较差，全帖从开篇"十七日帖"始至"虞吉安帖"，墨色浸入字口，以致字迹模糊的情况较为普遍，使得字体的精神气韵稍有欠缺；姜本为罗振玉于辛亥革命后逃亡日本期间售与日本上野有竹氏，帖中少"朱处仁帖"末行及"七十大庆帖"全部9行，只存28帖。1923年，罗振玉从日本回国后，题吴炜本云"彼（姜本）失一页，此则完全不阙，尤为罕遇"，由此二本的价值高下立判。

开封市博物馆所藏《十七帖》拓本无缺页、缺行，并且不同于吴宽藏本的经裁剪拼对装帧，系整开版拓印，整版装帧。从拓工来看，该帖字口清晰规整，方笔、枯笔无不具备，字体笔画方劲雄强，锋棱宛然，说明拓印时书帖版基本保存完好，几无磨损并且拓印精良。如"十七日帖"的"十七"二字，起笔锋棱，干净利落；"胡母帖"的"去"字，直笔另起，笔画分明；又如"丝布帖"的"往"，"朱处仁帖"的"今、所、往"，"儿女帖"的"得"，"讲堂帖"的"讲、此"等字，枯笔明显；再如"吾前东帖"的"观"字，"龙保帖"的"也"字，"天鼠膏帖"的"天"字，"省

十七日帖

胡母帖

儿女帖

讲堂帖

吾前东帖

龙保帖

天鼠膏帖

拓本例字

足下别疏帖"的"峨"字等，点画灵动精到、毫厘毕现，尽显书圣草书神韵。整帖虽 70 余字有不同程度虫蛀，但综合而言仍稍胜其他各本。

开封市博物馆所藏《十七帖》为原宋库装本，虽后重装，但原装纸面未动。拓本系原开版，无裁剪、缺页、缺行，内容完整，拓工精良、字口清晰，尽显书圣真迹之妙。加之明初晋王府收藏，冯铨题跋，汪中题签，罗振玉、张彦生等品鉴，流传序列清晰，与所见其他善本相校尚胜一筹，为不可多得的馆本佳拓，因此具有极高的文物价值。

（张武军）

宋元磁州窑瓷枕三件

民窑之冠 枕上风雅

磁州窑瓷枕，兼具白釉黑花、诗文等装饰手法，极具实用价值与文化内涵，是反映宋元时期北方民窑制瓷水平和古代劳动人民审美情趣的精品之作。

瓷枕是我国古代劳动人民夏季纳凉用的寝具，同时也兼具装饰、审美、镇宅、辟邪等作用。北宋诗人张耒的《谢黄师是惠碧瓷枕》诗云："巩人作枕坚且青，故人赠我消炎蒸。持之入室凉风生，脑寒发冷泥丸惊。"这几句诗明确道出了瓷枕的质地、釉色及其消暑纳凉的功效。此外南宋女词人李清照在《醉花阴》一词中也写道："薄雾浓云愁永昼，瑞脑销金兽，佳节又重阳，玉枕纱厨，半夜凉初透。"据考证，仿青白玉的青白釉瓷枕有时也被称为"玉枕"。因此词中的"玉枕"并非真正的玉枕，应是当时烧造的青白釉瓷枕，诗中同样也道出了瓷枕纳凉的作用。开封市博物馆馆藏的这几件磁州窑瓷枕，兼具白釉黑花、诗文等装饰手法，极具实用价值与文化内涵,是反映宋元时期北方民窑制瓷水平和古代劳动人民审美情趣的精品之作。

磁州窑系是我国古代北方最大的民窑体系。磁州窑创烧于北宋中期,并达到鼎盛,南宋、元、明、清仍有延续。窑址在今河北省邯郸市峰峰矿区的彭城镇和磁县的观台镇一带,磁县在宋代叫磁州,故名。磁州窑的装饰技法突破了当时流行的以五大名窑为代表的单色釉局限,运用了数十种丰富多彩的装饰技法,其中尤以白地黑花最为著名。白地黑花,又称"白釉釉下黑彩"。在土黄色胎上施白色化妆土,然后绘以黑色或赭石色花纹,再施以透明釉入窑烧制,并可与刻划花、剔花、填花及中国绘画与书法技法等相配合,黑白对比,强烈鲜明,具有强烈的艺术表现力与感染力。白地黑花开创了我国瓷器绘画装饰的新途径,同时也为宋以后景德镇青花及彩绘瓷器的大发展奠定了基础。磁州窑丰富多样的装饰工艺与特色迅速获得了民间的青睐,北方各窑口纷纷仿制,中心窑场以磁县的观台镇为中心,形成了一个庞大的磁州窑体系。主要分布在河南鹤壁集窑、修武当阳峪窑、禹县的扒村窑、登封曲河窑,山西介休窑、霍州窑,山东淄博窑,江西吉州窑等窑口,都大量烧造与磁州窑风格相近似的瓷器。

诗文在瓷器上作为装饰最早可追溯到唐代长沙窑,到宋代磁州窑时,诗文装饰在瓷器上更为普遍。馆藏宋磁州窑白釉刻诗文瓷枕,呈腰圆形,前低后高,枕面施白釉,上有凹弦纹三周,中刻七言绝句一首:"浩浩西天渭水寒,高吟大醉出长安,袖中一卷金丹诀,尘世何人借得看。"此诗

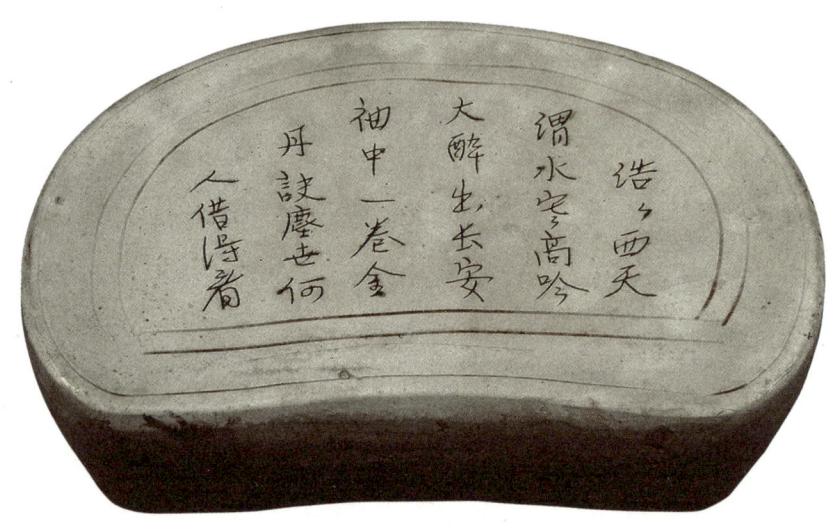

宋白釉刻诗文瓷枕

北宋（960—1127）
高9.8厘米，长30.4厘米，宽21厘米

为送别诗，意境旷达深远，豪迈洒脱，出自宋初诗人潘阆所作的《送冯尊师德之出长安》，原诗为："浩浩霜风万木寒，高吟大醉出长安，杖头一卷金丹诀，尘世何人借得看。"两相比较，第二、四句完全相同，第一句中"霜风"改为"西天"，"万木"改为"渭水"，第四句中"杖头"改为"袖中"，并没有破坏全诗原有的意境。这可能是制瓷匠人在书写时的误记所致，也可能是有意为之，在原诗的基础上加入了自身独特的情感体验与艺术创造。

宋磁州窑白釉黑花八棱带字瓷枕，枕呈八角形，前低后高，白釉黑彩，枕面两侧饰折枝花卉，中部方框内有五言绝句一首"暑退渐秋凉，蛩声竟

宋白釉黑花八棱带字瓷枕

北宋（960—1127）
高11.7厘米，长23.8厘米，宽19厘米

夜长。金风吹败叶，满路菊花香"，枕壁饰花草纹一周。瓷枕作为古代劳动人民夏季所普遍使用的纳凉寝具，不仅具有极高的实用性，制瓷工匠还发挥艺术的创造力与想象力，赋予其丰富的文化内涵。该件瓷枕枕面前低后高，左右呈弧面型，人在使用时将颈部枕于其上，使人的颈椎处于自然弯曲的状态，不仅可以使古人的发髻免于凌乱，同时也保证了古人免受颈椎病的困扰。枕面上的五言绝句描述了大致从处暑到秋分之后这段节气的天气转变，暑去秋来，日短夜长，秋风瑟瑟，菊花盛开。枕者入寝时见此诗文，也必然会给其心里带来阵阵凉意与文学美的慰藉。在瓷枕上描绘代表吉祥寓意的图案、书写诗文等不仅是瓷器装饰的重要工艺手法，同时反

元白釉黑花梦境人物纹瓷枕

元（1206—1368）
高15厘米，长42厘米，宽17厘米

映了我国古代劳动人民朴素美好的精神追求，具有典雅的文化内涵之美。

到元代时，彭城地区的磁州窑又掀起了一个制瓷高潮，除继承宋金时期传统品种外，生产规模有所扩大，大型器物的生产也增多。元磁州窑白釉黑花梦境人物纹瓷枕，枕呈长方形，前低后高，以白釉黑花作为装饰。枕面开光内绘人物故事纹，四角绘四朵花卉；枕前后壁在开光内绘折枝牡丹，开光外绘卷草纹；枕左右壁在开光内绘俯仰莲花，开光外绘变形花卉，枕后壁有两行十字楷书"滏源王家造，鸿川枕用功"铭文。枕底部无釉，胎质粗而坚，呈白色。滏源即"滏源里"，位于今天邯郸市彭城镇，宋元时属磁州，是磁州窑的核心产地。枕面开光内绘饰亭榭园林、花草树木与太湖石，一位书生模样打扮的男子伏于案上休憩，梦境中思绪已然飞于亭外，云雾中一位仙女飘然落于庭院内，顾盼回首，眼光望向男子。元代盛行杂剧、散曲等文艺形式，"才子佳人"是常见的主题，这件瓷枕以写实的绘画手法表现男子梦境的所思所想，构思精巧，充满浓郁的文人气息，是元代磁州窑不可多得的瓷枕精品。

（仝留洋）

女真进士题名碑

进士题名 碑刻隽永

女真进士题名碑对于研究女真文字的发展和金代的科举制度都具有较高的学术价值，对于研究金代所辖的地理范围和捕证《金史》之不足，也具有一定的参考价值。

女真进士题名碑是国内现存重要的女真文字碑刻之一，对于研究金代科举制度和女真文字都具有很重要的学术价值。女真进士题名碑按碑文记述立于金哀宗完颜守绪正大元年（1224）六月十五日。时值金人因受蒙古族的威胁自首都北京（今北京）迁都南京（今河南开封）后十年，又经十年金国灭亡。碑阳文字计二十三行，每行字数多少不等。由于该碑年代已有七百余年，又经风雨侵蚀，碑座早佚，清末被发现时，其碑身下半截已漫漶损毁，文字剥落残蚀，辨认不清，每行准确的字数不详。该碑在明宣德二年（1427）又移为它用，在碑阴刻"新创顺河庙记"之文，现在尚可辨认数字，碑阴是否原有汉字译文已不可考。

女真进士题名碑

金（1115—1234）
高1.90米，宽0.60米，厚0.22米

拓片

女真文字据《金史》和陶宗义《书史会要》记载，金人初无文字，因国势日强，与邻国交好，乃使用契丹之文字。到金太祖完颜旻时，始命完颜希尹模仿汉字结构撰国字，于天辅三年（1119）八月字成，金太祖甚喜即令颁行。其后金熙宗完颜亶又命制女真文字，与希尹所制文字并行。世谓希尹所制乃女真大字，熙宗所制乃女真小字。此碑文即为女真小字书写。女真小字笔画较大，字稍简，结构用笔也是一如汉字楷法，又不完全相同，该碑是一个很好的见证。女真进士题名碑最早的著录书是宋末元初人周密的《癸辛杂识》，其中说明了两个问题：一是给该碑确定了准确的名称，又说明了立于"汴学"；二是其字像汉字无人可认识，至少可以说当时女真文字使用并不太普遍，认识女真文字的人并不多。后来的学者也多有著录。

自清道光九年（1829）刘师陆发现此碑以后，当时，对此碑的评价和介绍无非是"碑文类汉字然不可识也"等语。后来，多位学者陆续对此碑进行了释译。尽管如此，现在看来能释译的也只不过是碑文的一部分，很多字现在还不能译出。但是通过现今已译出的碑文来看，至少可以说明以下几个问题。

一、通过对该碑的释译，可以知道此碑是用女真小字书写的女真进士题名刻石，所立的时间为金哀宗正大元年（1224）。

二、从碑文中可以看出金代的考试内容。据《金史·选举志》记载："大定十三年（1173）创设女真进士科，初试策，后增试论，同汉进士，三年一试之制。"该碑记述的考试内容是"四月十五日试策，十七日试论诗"。

《金史·选举志》又载:"御试则三月二十日策论进士试策,二十三日诗论……若试日遇雨雪则候晴日。"可见碑文所述考试的内容与《金史》记载是一致的。考试时间的差异,或许是迁都南京以后新改,或是因其他原因所致。

三、此碑也可证明女真和汉人分科考试的制度。该碑所记的进士全是女真族人,从这一点来看与史书记载的金代分科考试制度是一致的。据《历代职官表·历代官职概述》云:"金代科举制度女真和汉人是分科的。"又有《金石粹编》所录金代进士题名记碑(今存陕西西安)证之,碑中所列皇统、正隆、大定、贞佑和兴定等年代录取的进士,从其姓名上看均为汉人。这样女真进士题名碑就从实物资料上证明了在当时女真人和汉族人是分别举行考试的。

四、该碑文记述的进士及其籍贯,一则可补史书记载之不足;二则可与史书相互印证。如《金史》记载:"正大元年……五月甲辰赐策论进士孛术论长河,以下十余人及第。"该碑第十四行记有"登科孛术论长河三十中名",正好与史书记载相吻合。其中《金史》云"崔立与党韩铎药安国等举兵为乱……其党孛术鲁长河御史中垂",这里的御史中承即是正大元年(1224)得中策论进士第一名的孛术论长河。他在金哀宗天兴年间与崔立一起谋乱叛国成为有名的叛臣。此碑可与史书相互印证。另该碑记述的进士榜也是依仿宋制的,分为上、中、下三甲及附榜、恩榜五等。如进士上甲三名;中甲七名;下甲六名;附榜十名;恩榜四名。该碑除按五等列榜记述外,每个进士还附有其籍贯。籍贯中的州路与《金史·地理志》中所载基本相附。对于研究、证明金代的疆域起到很重要的作用。

女真文字从金太祖创制到明中叶废止,历经多年,主要分布和使用于我国的东北地区和一部分中原地区。从现存和发现的碑刻中,全都发现在金人的统治区内,可见其文字影响之大,使用之广。从中我们也可以看出女真文字对祖国文化的发展和融合起了很重要的作用。尽管我们现在发现反映女真文化的碑刻实物不多,但在这些仅有的碑刻中女真进士题名碑无疑是一通十分珍贵的刻石。它对于研究女真文字的发展和金代的科举制度都具有较高的学术价值,对于研究金代所辖的地理范围和补证《金史》之不足,也具有一定的参考价值。所以进一步开展对该碑进行深入地研究,完整准确地译文和释义,应该是一项较为重要的科研工作。因为在为数不多的碑刻中所能反映金代科举制度的女真文字碑只此一通,更显得重要,更应该引起有关专家学者的进一步研究。

(唐冬冬)

金代官印三枚

金石有声 古印今观

金代官印制度亦承袭辽宋旧制，凡入品官职及文武官员皆有印信，尤其对宋官印的借鉴较多，这是受宋金对峙各占半壁江山时局的影响。

金是女真人在北方建立的王朝，与南宋王朝形成对峙局面。在金代长达120年的统治当中，相当多的承袭了唐宋封建官僚制度，在其统治领域全面推行汉化政策。其官印制度亦承袭辽宋旧制，凡入品官职及文武官员皆有印信，尤其对宋官印的借鉴较多，这是受宋金对峙各占半壁江山时局的影响。

从全国各地出土的金代官印可以看出，金代官印承袭宋代，形制特征为硕大方正，印纽作长方形柱状，上端多刻有"上"字，以示用印方向，便于钤盖。印文绝大多数用汉字九叠篆，偶尔也用女真文篆书。九叠篆是专门用于官印的一种篆字，原本是一种流行于宋代的"国朝官印"字体，其笔画曲折繁复，能布满整个印面，均匀饱满，工整美观，其字体不易辨认，显得神秘而权威，又可以起到防止造假的作用。金初官印尚有宋代九叠篆浑厚自如的遗风。此后，字体逐步变得平直而规整，笔锋转折多成直角，显得比较呆板。金代官印文字排列有一定的格局，多以左右两行布局，九字、十二字、十五字的官印分左、中、右三行布局，印文无四行及十五字以上的情况。从印款上看，印背右侧刻时间，左侧刻造印机构，印侧面多刻印文内容或编号。到了晚期后，印款减少或无款。印款并非铸造，而是用凿刻的方法，这就是金代官印的印款有简化字的原因。在印面尺寸上，一般规律是印面大，官位就大，这在金代官印的早中期较为正常。但到了后期，由于社会动荡，官印制度混乱，也出现了小官用大印的情况。

20世纪70年代，开封市博物馆征集了三枚金代官印，这三枚官印均为武官官印，它们为研究金代的军事制度及职官制度提供了可靠的实物依据。

都统之印为铜质，正方形，其中为长方柱状，印面为方形，印面为阳文九叠篆字"都统之印"，印的左侧刻有行书"东行部造"，纽端刻有定方向的"上"字。印文字体整齐流畅，极具艺术性。都统所设，最早见于十六国时前秦建元十九年（383）为进攻东晋而设"少年都统"，唐代后期为讨伐藩镇和镇压农民起义，设诸道行营都统，为各道出征兵的统帅。金代设置都统官职始于天辅五年（1121）。到了金宣宗元光年间，扩编义军，以三十人为一谋克，五谋克为一千户，四千户为一万户，四万户为一副统，两副统为一都统，每都统司率五六万人，可见都统为诸路军之最高统帅，官属"正三品"。到了金代末年，其地位受到削弱，只有七品官职，其地位权势已不如金初了。"东行部"为"东京路行部"的省文。在金代，官印原由中央六部之一的礼部统一铸造、颁发。金天会四年（1126），金太宗改革官制，在中央建立了三省六部。到贞元元年（1153），为了加强自身皇权，罢中书省、门下省，只置尚书省，尚书六部就成为皇帝控制之下唯一的最高权力机构。同时，朝廷下令文武百官凡用辽宋旧印及契丹文字者，由礼部统一更铸。金朝末年，由于国内政治腐败，社会矛盾激化，滥造官印，增设统治机构的现象不断发生。这枚本应由中央尚书省礼部颁铸的高级军事长官之印，却降为由东京路行部代行颁铸，这充分反映出金末中央集权的削弱。

当字副统之印为铜质，方形，为长方柱状，印面为阳文九叠篆书"当字副统之印"。印面左侧刻有"行宫礼部造"，右侧刻有行书"正大四年正月"，印边侧刻有行书"当字副统之印"。此印布局整齐大方，篆法流畅纯熟，线条拙朴生趣，盘曲方中寓圆，绝无生硬呆板之病，每字的笔画排迭匀满有序，富于变化。金代的军职开始是都元帅府总掌军事大权，后改为枢密院，与尚书省对掌文武。地方最高军事长官是五京留守兼本路兵马都总管，再下是府尹兼都总管，各州刺史、节度使统领军兵，兼管政事。路、府、州、军的军事、行政实由各路官统一管理，这是保持女真军政一体的特点。此外，又于边境地区设统军司与招讨司。副统是都统的副职，即管理四万户之武官。但是，到了金宣宗贞佑元年（1213）以后，都

都统之印

金（1115—1234）
通高4.8厘米，边长6厘米，重1200克

当字副统之印

金（1115—1234）
通高4.8厘米，印面6.5厘米×6.6厘米，重690克

第拾九万户印

金（1115—1234）
通高6厘米，重695克

统授正七品职,副统授正八品,其地位权势已不如金初了。此印有确切纪年,正大四年为公元1227年,距金朝灭亡只有八年。此时朝廷为应付战事增设军职,有的已经成了恩赐的虚衔。"当字"即是为了区分官职过多而使用的"千字文"编号系统。

第拾九万户印,铜质,正方形,梯形纽。印文为阳文两行六字九叠篆"第拾九万户印",印面一侧刻有"十九"字样。此印印背虽无确切纪年,但依印的形制与文字考察,应是金代晚期的遗物。金代万户官职初为宗室世袭军职,统领千户(猛安)、百户(谋克),隶属于都统。后为削弱宗室显贵势力,加强中央集权,曾罢万户之官。到了金宣宗时期,为招义军,大量出现因军额不足而虚设都统、万户之现象。所谓"万户",只不过是一个小小九品武官,已无金建国之初的权势。

以上三枚金代官印,除一枚有纪年外,其余的从形制、风格、印文内容分析,均为金代末年的遗物。这三枚武官铜官印,见证了金代末年的战乱,一方面说明了金代末期战争频繁,官吏冗杂;另一方面也是金代末期国力衰败的有力旁证。

(崔巧玲)

颜辉和他的《山水楼阁人物图》

笔法奇绝 八面生意

从颜辉的山水画上不难看出,颜辉虽然也和元代画家一样,在政治上失去了家国归属感,但他并没有像其他画家一样形成空灵幽邃、意境深远的山水画风格,而是追随前代大师探索自然,直抒胸臆,描绘祖国的大好河山。

  元代颜辉《山水楼阁人物图》,绢本,墨笔。这幅《山水楼阁人物图》,历经数百年,画面绢地显得陈旧灰暗,已有数处残破不堪。开封市博物馆接收时画幅已处于亟待抢救状态,1980年经故宫博物院的装裱师精心揭裱,这一珍贵的文物才得以重放光彩。

  《山水楼阁人物图》以山水为主,画面分为远、中、近三个层次。远山大气磅礴,宏伟浑厚,势不可挡,给人一种为之震撼的冲击力。中景、近景山石重叠,树木茂密,山中间有楼阁亭榭。在山石、楼阁和树丛之间,绘有十几个大小不盈一寸的人物,人物造型或策杖而行,或相对而语,或对坐品茗,形象生动、姿态各异、栩栩如生。颜辉充分运用水墨兼工笔独

《山水楼阁人物图》

元（1206—1368）
纵1.36米，横1.27米
1964年开封市朱氏捐献

特的艺术技法，使整个画面体现出笔墨苍润、气势雄伟的艺术效果。画中山石多用披麻、斧劈皴、云头皴等技法，充分表现出山体的量和质、阴和阳、沟和壑，使山的立体感更为突出。山的形状、结构等方面都画得比较圆润饱满。构图更是幽奇壮观，意境清新高远。楼阁亭榭描绘得细微精确，与古木怪石穿插掩映，显得画面整体布局交错有致，层次远近清晰。墨色积染苍茫浑厚，淋漓丰茂，让人感到繁而不乱，简而不疏。颜辉流传下来的绘画作品大部分都是墨笔画，浓墨烘染，笔法苍劲简练，风格雄奇粗豪。这些特征可由其作品《刘海戏蟾》《李仙像》《铁拐李像》等看出。这幅《山水楼阁人物图》是现存颜辉作品中唯一的一幅山水画作品，也是一件具有代表性和非常成熟的珍贵作品。图中右侧落有"秋月颜辉"行书款，款下钤椭圆形"秋月"阳文篆书印一方。图的两下角钤有六方收藏印，其中有"项子京家珍藏"阳文篆书印、"子子孙孙永保"篆书印、"江村"阳文篆书葫芦形印和"高氏□□"篆书长方形印，另两方印已模糊不清，无法辨认。项子京即项元汴（1525—1590），号墨林居士，浙江嘉兴人，是明代著名的书画鉴赏家和收藏家。"江村""高氏□□"应是高士奇的收藏印。高士奇（1645—1704），字澹人，号瓶庐，又号江村。浙江绍兴府余姚县樟树乡高家村（今慈溪匡堰镇高家村）人。后入籍钱塘（今浙江杭州）。清代官员、史学家。其博才多学、精考证、通鉴赏、富收藏。深受康熙皇帝的信赖。这件作品除颜辉落款和一方姓名章外，只有六方鉴藏印。作品的递藏信息只能通过鉴藏印进行推断，此画明代曾经项元汴收藏，到清代又曾归高士奇所有。

颜辉是活跃于13世纪的著名画家,他早年靠"打工"于寺庙和画壁画求得温饱。人生经历赋予了他作品不同风格。其画极具冲击力,人称"老画师"。他的生平文献缺少具体记载,仅元代夏文彦《图绘宝鉴》中简略地提到"颜辉,字秋月,江山(今浙江江山)人,善画道释人物"。另有元人著的《画继补遗》中记载其为"庐陵(今江西吉安)人"。对此日本人近藤秀实进行考证,认为颜辉的原籍地为江西庐陵的可能性较大。

颜辉一生多画道释人物,尤工画鬼,亦善画猿。其山水画也造诣精深,意境旷远,可谓是元代山水画高手。他自幼好学,才华出众,据载,他七岁时见圣果寺的壁画不忍归去,出纸摹绘,见者皆惊。从此他学习研究绘画,作品无论是道释人物,还是走兽、山水等,笔法劲健,线条简练粗豪,有自己独特的面貌和风格。明代吴宽《匏翁基家藏集》中谓其"画鬼尤工,笔法奇绝,有八面生动之意"。颜辉的绘画技法继承了五代李成、北宋郭熙的画法。其绘画风格能作细致的工笔描绘,但大多喜作水墨粗笔,用笔劲健豪放。人物造型,尤其是鬼怪形象奇诡狰怖、矍铄夺人。所作笔法粗厚,勾勒粗细咸宜,起伏有致,渲染精到。以水墨烘晕,使画面衬托出阴暗凹凸,富立体感,这是一种前无古人之创新画法。元代宫廷画家柳贯赞谓之"收揽奇怪一笔摸",与梁楷、法常一脉相承。此种绘画技法亦开明代浙派吴伟画风之先河。

公元1271年,元朝建立。元朝政府崇尚武力,轻视汉文化。为维护其统治，元蒙政府对宗教大力支持和开放。因此元代涌现出一大批擅画道释人物的画家。在这些道释人物画家中，颜辉很有名气。他画的铁拐仙、刘海蟾等，都是在褴褛的外表中，描绘了不平凡的性格和巨大的精神容量。颜辉在同时代画家都消极遁世的大潮中，勇敢面对现实，积极正视现实，把民间和道教逐鬼大神——"钟馗和李铁拐"成功刻画在绘画作品中，呈现了颜辉的艺术灵魂——"愤怒的爱国精神"。所作人物造型奇伟，性格突出，形象生动。以前无古人之创新画法，表面上画道教宗教画，实际上画出了打退元朝统治的期盼。尤其是他看透了道教人物李铁拐本身内在的"驱傩原理"，把李仙的丑陋外貌和高尚内心完美地结合在一起，成功刻画了李铁拐的内部精神世界，又充分体现了自己的美学哲学——"丑和怪的美学"。所以颜辉所画的道释人物如《刘海戏蟾》《李仙像》《水月观音像》《铁拐李像》等都充满了震撼力和生命力。

开封市博物馆收藏的《山水楼阁人物图》是一幅少见的具有代表性的杰作。画作题材一反其常画的道释人物，而是以山水为主。从其技法和构图风格上，可以看出多得益于北宋郭熙。颜辉继承前人传统，师法造化，真实探索自然山川的奥秘，观察山水，表现自然。他将宏伟奇险的山川景象和精工之极的界画楼阁融为一体。山体远取其势，近取其质，雄伟壮观；杂树表现丰富，层层推远；楼阁一笔不苟，井然有序；留白连天接水，上下呼应；墨笔古雅沉稳，层次分明，表现出画家丰富的想象力和艺术创造力。画面还继承了郭熙的"三远"理论，不仅科学合理地结构了画面布局形式,而且还表达了一种精神追求和希望达到心灵自由的境界。从颜辉的山水画上不难看出,颜辉虽然也和其他元代画家一样,在政治上失去了家国归属感,但他并没有像其他画家一样形成空灵幽邃、意境深远的山水画风格,而是追随前代大师,探索自然,直抒胸臆,描绘祖国的大好河山。这与他创作道释人物画所表达的"愤怒的爱国精神"是一致的。

通过对颜辉的《山水楼阁人物图》的研究,我们对颜辉的艺术特征的认识也更加全面了。不论是他画的道释人物画还是山水画,都充满着震撼力和生命力,这是颜辉艺术精神的精髓和价值所在。

(唐冬冬)

明永乐甜白釉暗花纹碗

凝脂甜润 白瓷巅峰

"甜白釉"的名称,最早始于明朝晚期,彼时中国发明了熬炼白糖的"黄泥水淋脱色法"及"蔗车"等新型制糖装备,自此有了今天常见的雪白的糖,其甜白之感让人恍然想起永乐白瓷,遂以"甜白"命名。

甜白釉是明永乐朝景德镇御窑厂创烧的一种白釉,即在胎壁极薄的胎体上施不含铁或含铁量极低的透明釉,高温焙烧出呈色很白的釉色,由于胎体很薄,使得这种高白度的釉格外莹润,其中以薄胎暗花者最为珍贵。"甜白釉"的名称,最早始于明朝晚期,彼时中国发明了熬炼白糖的"黄泥水淋脱色法"及"蔗车"等新型制糖装备,自此有了今天常见的雪白的糖,其甜白之感让人恍然想起永乐白瓷,遂以"甜白"命名。开封市博物馆藏有一件明永乐甜白釉暗刻花纹碗,系清宫旧藏,为国家一级文物,具有极高的文物与艺术价值。

明代的宫廷用瓷主要由朝廷设在景德镇的御器厂专门烧造,御器厂设

明永乐甜白釉暗刻花纹碗

明（1368—1644）
高10.4厘米，口径21.1厘米，底径7.5厘米

于洪武二年（1369），以后历朝沿袭这一制度。在有明一代的270多年间，景德镇御器厂为宫廷烧造了大量瓷器。但通观明代瓷器的发展，以明代永乐、宣德时期取得的成就最大，受到的评价亦最高。在永乐御窑厂瓷器生产中，白瓷是最重要的一个品种。永乐时期社会安定，经济日益繁荣，祭祀活动会更频繁，礼佛活动规格也会增高，白瓷是最好的祭器。永乐遗址中白瓷豆、爵、僧帽壶、军持等器物大量出现就是证明。祭天、祭祖、祭

各方神灵和礼佛活动的需要促使白瓷大量生产。另外的原因,是永乐皇帝朱棣喜爱白瓷用具,日常生活使用和宫廷陈设,需求量很大,因此御窑里白瓷生产量必定很大。

开封市博物馆馆藏的这件明永乐甜白釉暗刻花纹碗系清宫旧藏,圈足,底微凸似鸡心,内外满饰暗花,内壁口沿印波浪纹,腹部印蕉叶纹一周,内底印菊花两团,外壁口沿划回纹,腹部划缠枝牡丹和菊花纹各三朵,互相间隔,疏朗有致,此碗胎骨较薄,胎质纯净洁白,内外施粉白色釉,微闪青色,釉质细润如脂。

甜白釉的成就之高、价值之名贵,使它独立于白瓷之外,单独成类。《明太宗实录》记载了这样一个故事:一位名叫结牙思的人向明太宗朱棣进献了一只珍稀的玉碗,本以为会龙颜大悦,没想到却被退了回来,太宗说:"朕朝夕所用中国瓷器,洁素莹然,甚适于心,不必此也。况此物今府库亦有之,但朕自不用。"明太宗口中"洁素莹然,甚适于心"的瓷器便是甜白釉,它不仅让明太宗对其情有独钟,更是明代皇家的御用瓷器,有"一代绝品"之称。永乐甜白釉之所以能够成为我国古代白瓷发展史的巅峰,主要原因在于其胎、釉工艺的精益求精。

第一,甜白釉胎体颗粒结构细腻,这与制瓷时采用的原料和加工工艺的成熟有密切关系。甜白釉瓷胎的原料配方为瓷石加高岭土,瓷石用量多,高岭土用的比较少。胎体中云母含量较多,石英的颗粒大小较均匀,加工处理较宋青白瓷、元枢府白釉"更为精细"。永乐薄胎白瓷,其薄度有的能薄到透光，好像没有胎体的"脱胎"程度，这源于瓷石加高岭土配出的原料有极好的成型稳定性，做得很薄时也不会散架和破裂。甜白釉薄胎的取得并不是在陶车上拉坯拉出来的，而是拉坯之后，晾干到一定程度采用修刮的手法将胎体刮到理想的厚度，烧出来之后即能达到半脱胎、脱胎的效果。施上白釉浆汁后阴干，然后入窑烧制。永乐薄胎白瓷是白瓷中的精品，胎体虽然薄，但并不轻飘，端庄雅气，线条柔中有刚。薄胎白瓷也不是各个部位全薄，而是根据器物使用功能的需要力学安排其厚薄，达到了工艺性与实用性的完美兼顾。

第二，永乐白瓷的釉，莹润光洁，细腻明亮，白中泛青，十分悦目，人们用"甜白"来形容它。永乐甜白釉中存在大量固体微粒，其中大部分是残留石英、云母残骸及钙长石，这些固体微粒在数量上要比枢府窑卵白釉明显得多。除此之外，永乐甜白釉中还存在较多量的小气泡，大量固体微粒和气泡的存在使入射光产生强烈散射。明永乐甜白釉具有比枢府窑卵白釉更加明显的乳浊感，其原因就在于此。在施釉工艺上，表面的釉层均匀，没有成絮状的流釉和积釉现象。通体均匀一致，就产生一种完美之感，明代以前的白瓷是难于做到的。

第三，在装饰上，甜白釉虽然没有斗彩、青花、釉里红等品种那样讲究繁缛的装饰，但它的金彩、雕刻、刻花、锥拱划花、印花装饰很有特色。胎釉细、装饰工艺细、花纹细，协调幽雅，产生美的节奏和韵律，独具一格。

（仝留洋）

明永乐青花瓷两件

前古未有 一代奇葩

明永乐、宣德两朝烧制的青花瓷堪称一流,富丽堂皇的纹饰,如同水墨画一般晕散的青料呈色,纯熟的烧造工艺,千瓷百态的造型,恢宏雄奇,动人心魄,具有不可替代的震撼力,在中国陶瓷史上写下了精彩的一章。

中国是瓷器的故乡,纵观中国陶瓷发展史,瓷器的品种丰富多样,而其中的青花瓷一直深受世人所爱。它以洁白的胎体、晶莹透明的釉色、幽靓浓艳的纹饰、华美丰富的造型而闻名于世。它清新雅丽,质朴率真,最能代表中华民族含蓄而豪迈的民族风格,因而素有"国瓷"之誉。

青花瓷最早出现于唐代的河南巩县窑,曾随巩县窑的衰落而暂时中断,元代重新兴起并蓬勃发展。明朝景德镇御窑厂建于洪武二年(1369),由于景德镇胎、釉制作得精细,其他产地的瓷器,无论质和量均无法和景德镇抗衡,此时的景德镇已发展成为全国性的瓷业中心,开创了中国制瓷业的第三个历史高潮。到了明代的永乐、宣德年间,青花瓷的烧制达到以前历朝各代的最高水平。从永乐年间开始,青花瓷器的制作已逐渐成为景德镇瓷器生产的主流。永乐、宣德两朝官窑瓷器的胎、釉制作也比元代有更大的进步,胎质细腻、洁釉层晶莹肥厚,青花的成色出现了浓淡不同的多种色调。这期间又使用了从中东地区进口的"苏泥渤青"钴料,这种进口青料含铁量高、含锰量低。烧制后釉料下沉,表面触感凸凹不平,在光线下可见锡光色样。在瓷胎上作画用料多的地方,由于减少了青中的紫、红色调,烧成后能呈现宝石蓝的色泽,在青花部位往往又出现黑蓝色带有锡光的斑点,这成为后世难以企及的永乐、宣德青花瓷器的"成功之作"。

开封市博物馆有幸收藏了两件明代永乐官窑青花瓷器。

永乐青花缠枝莲纹瓷盘侈口折沿,腹部微曲,平底圈足。器里外均有青花缠枝纹饰,缠枝纹是由枝蔓、叶、中心花卉等要素搭配而成的组合纹饰,是一种中国传统文化中具有吉祥意义的植物纹样,取蔓草滋长延伸、缠绕不绝,延绵不断之意。里壁绘缠枝莲十二朵,盘心稍稍下塌,绘有缠枝番莲团花纹样大小七朵,花瓣图案堆叠。从中引出花蔓四茎,蔓上生叶,衬托花朵。盘体外壁亦装饰一周缠枝番莲纹。盘口沿处绘青花海水波涛纹,海水以单线细描,波涛双勾露白。这种蓝白互用的表现手法,尽显浪涛汹涌澎湃之立体感。此器画面严谨有序,花叶疏密得当,布局层次清晰,缠枝莲线条优美流畅。花绘之间留有空白,更有化繁为简之功效,突出了"白地"与"蓝花"的视觉效果,使画面显得清新淡雅,疏密有致,顿生空灵之气。

该盘的图案花纹为双勾填色，用"苏泥勃青"在瓷胎上作画，但其填色方法并非用大笔一笔涂抹，而是用小笔填绘，纹饰绘画清晰，线条流畅，青花色调浓重深沉，所绘纹饰呈现晕散现象，犹如用水墨在生宣纸上绘画时所产生的墨晕效果一样，意趣倍增。由于当时烧造时温度较高，在放大镜下可见气泡透明沉稳，大小不一，富有层次，而釉面有"肥亮"感。底为圈足，盘底无釉，永乐青花（包括其他品种）器的制作，除大盘、扁瓶等少数大件器外，多数器物的底部均施釉，这是一个很重要的时代特征。釉面色白而细，抚摸时有糯米粉的感觉，这种细沙底的发现，也是划时代的。因铁质提炼不清，故出现一点一点的褐斑，底足边火石红线条明显。

为配合明政府与中西亚诸国的贸易往来，当时的景德镇制作了大量的赏赉、贸易瓷，这些制品的绘画纹饰带有浓郁的伊斯兰色彩，使用西亚番莲缠枝纹以及其他阿拉伯风格纹饰，成为比较典型的"永乐模式"。《中国陶瓷史》中有这样一段文字记载："明人对于瓷业，无论在意匠上、形式上，其技术均渐臻至完成之顶点。而永乐以来，因波斯、阿拉伯艺术东渐，与我国原有艺术相结合，于瓷业上更发生一种异样之精彩。"由此可见，此盘可被视为这一时期的代表之作。

永乐青花一束莲瓷盘口沿圆滑，像人的嘴唇一样，并微微向内收，盘壁呈一道优美的弧线自然内收。盘的内外口沿皆饰一周卷草纹，内壁绘制一圈缠枝花卉，有十三朵花，这十三朵花还分三种，有菊花、牡丹和莲花。外壁和内壁纹饰一样，盘心因塌底而呈下凹状，内底饰折枝莲，俗称"一

永乐青花缠枝莲纹瓷盘

明（1368—1644）

口径41.1厘米，底径27厘米，高7.3厘米，重2450克

永乐青花一束莲瓷盘

明（1368—1644）
口径33.6厘米，高6厘米，底径24.8厘米束莲"。束莲纹始于北宋,此后即销声匿迹,至明永乐时又再次出现,并作为主体纹饰画在大盘的盘心部位。在一束盛开的莲花上面,开了五朵花。这五朵花形态还各不相同。中部一朵完全盛开,左右两朵呈半开状,上部有一朵含苞待放,而另一朵已经露出了微凋的意思,连着花茎细细观之,就像一个婀娜多姿的美人在微风中翩翩起舞。作者以简洁生动的笔线,勾勒出亭亭玉立的莲花出淤泥而不染的风采,画意飘逸脱俗。釉面洁净润泽,釉色白中泛青,浓翠鲜艳,使得该盘的纹饰整体布局丰满多姿,图案运笔细腻流畅,触笔潇洒自如。晕散自然,线条呈毛茸茸状,增添了柔和绵软之感,呈现水墨画效果。充分显示出了当时制瓷工匠们高超的艺术水平和那种细致入微、精益求精的工作态度。由此可见,后人评说永乐青花"开一代未有之奇",实非过誉之词。

纵观青花瓷烧造近千年的历史,不难看出,明青花瓷在元代基础上迅速发展,呈现出异常兴旺的景象。明永乐、宣德两朝烧制的青花瓷堪称一流,富丽堂皇的纹饰,如同水墨画般晕散的青料呈色,纯熟的烧造工艺,千"瓷"百态的造型,恢宏雄奇,动人心魄,具有不可替代的震撼力,在中国陶瓷史上写下了精彩的一章。它无比独特的艺术魅力早已超越地域与民族的界线,为全世界瓷器爱好者所痴迷。

(钟 珊 赵 龙)

明菩萨铜造像

慈悲济世　普度众生

三尊造像面相丰满端庄，宽颐，脸形呈方圆形，五官位置匀称，双目俯视，表情静穆柔和，整体造型优美，胎体厚重，铸造精良。整体风格受到了明代宫廷造像的影响，是非常典型的明代佛造像。

　　菩萨，地位仅次于佛，是协助佛传播佛法，救助众生的人物，是梵文音译"菩提萨埵"的简称，意译"觉有情""道心众生"。菩萨原本是释迦牟尼修行尚未成佛时的称号，后来广泛用于对大乘思想实行者的称呼。菩萨又代表一种修行，称"菩萨行"，其教义以达到佛果为目的，称"菩萨乘"。

　　菩萨以其"上求菩提，下化有情"的特殊身份，便于与众生发生直接的联系，以大慈大悲救苦救难。因此，从唐代以后，菩萨以其更具目的性的教化力量赢得了越来越多信徒的独立信仰。在一般寺庙中被广大信徒供奉的菩萨有文殊、普贤、观音、地藏、弥勒、大势至、除盖障、慈氏菩萨

明观音菩萨像

明（1368—1644）
高81厘米，宽62厘米，长35.5厘米

等，都是佛经上常提及的八大菩萨。尤其是观音、文殊、普贤、地藏菩萨，在中国取得了各自的道场，被奉为中国佛教的"四大菩萨"。四大菩萨中，又以观音菩萨的信仰最为广泛。

菩萨在古印度佛教中为男子形象，流传到中国后，随着菩萨信仰的深入人心及其对世人而言所具有的深切的人情味，便逐渐转为温柔慈祥的女性形象。佛教雕塑中，菩萨多以古代印度和中国的贵族的服饰装扮，显得格外华丽而优雅。

开封市博物馆就收藏有三座精美的菩萨造像。这三座造像为一组，中间是观音菩萨，两边分别为文殊菩萨和普贤菩萨。

观音菩萨像头戴宝冠，饰耳珰，身穿天衣，胸配璎珞，双目下垂。双手结触地印，也叫降魔印。相传释迦在修行成道时，有魔王不断前来扰乱，以期阻止释迦的清修。后来释迦即以右手指触地，令大地为证，于是地神出来证明释迦已经修成佛道，终使魔王惧伏，因此称为降魔印。又因以手指触地，所以又称触地印。右腿屈膝，左腿自然下垂，坐于金毛犼上。

观音是"观世音"的简称，意思是"观照世间众生痛苦中称念观音名号的悲苦之声"。据《妙法莲华经》记载，如果观音听闻众生因痛苦而念诵其名号的声音后，会立即循声解救。可见观世音的名字蕴含了菩萨大慈大悲济世的功德和思想。

观音信仰始于东晋，东晋义熙四年（408），太原郭宣入狱，心念观世音，遂被赦免，他出狱后为观世音菩萨造像。南北朝时期，社会动荡不安，观

明文殊菩萨像

明（1368—1644）
高81.5厘米，宽62厘米，底长33厘米音信仰全面发展,民间出现了各种宣扬观音救苦救难的书籍。南北朝以后,随着佛教的传播和发展,观音信仰在民间深入人心。唐代,观音信仰盛行,并在浙江省舟山群岛的普陀山形成了观音的独立道场。

文殊菩萨像头戴宝冠,发髻为一髻,饰耳珰,胸配璎珞,身穿天衣。结施愿印,是以手自然下伸,指端下垂,手掌向外,仰掌舒五指而向下,流注如意宝或甘露水之相也,表示佛菩萨能给予众生愿望满足,使众生所祈求之愿都能实现之意,此印相具有慈悲之意。左腿屈膝,右腿自然下垂,坐于青狮之上。

文殊菩萨是"文殊师利"的梵语音译简称,意译"妙德""妙吉祥",因出生时现出十大吉瑞祥兆,故名。文殊菩萨在诸菩萨中,以智慧见长,是大乘佛教智慧的代表,作为释迦牟尼佛的左胁侍,辅佐释迦牟尼佛的教化事业,神通广大,济世无穷,位居佛教诸菩萨之首,佛经中称为"文殊师利法王子"。文殊菩萨与普贤菩萨同为释迦牟尼佛左右胁侍,世称"华严三圣"。

文殊菩萨的形象,通常是手持慧剑,骑乘狮子,比喻以智慧利剑斩断烦恼,以狮吼威风震慑魔怨。依照其多变的形象,可分为一髻、五髻、六髻、八髻文殊。其中最常见的是五髻文殊。五髻文殊是因头顶绑了五个髻而得名,这五髻代表的是五种智慧。一般右手握智慧剑,象征以智慧剑斩烦恼结(或手持如意,象征智慧成就)。左手持的莲花上放置《般若经》,代表智慧的思维。智慧之利剑表示能斩断种种蠢痴,智慧犀利如剑;青莲花则代表纯洁无染，花上放有《般若经》，作为智慧与慈悲的象征。菩萨亦常乘坐狮子坐骑，表示智慧威猛无比、所向披靡、无坚不摧、战无不胜；或以莲花为台座，代表清净无染；或驾乘金色孔雀，比喻飞扬自在。

两晋南北朝时期，随着大乘佛教的传入，文殊菩萨得到民间的接受和信奉，是四大菩萨之一。到唐代时，文殊菩萨赢得了独立信仰，并取得了独立显灵说法的道场——山西五台山，被中国佛教徒奉为四大菩萨之一。

普贤菩萨像头戴宝冠，身穿天衣，胸配璎珞，饰耳珰，结说法印。右腿屈膝，左腿自然下垂，坐于白象之上。

普贤是梵文名的意译，音译名为"三曼多跋陀罗"，也有译为"遍吉"的，为释迦牟尼佛的右胁侍，专司"理"德，具有将妙善、妙德、贤德普施给众生之意，故称"大行普贤菩萨"。普贤菩萨的形象，与文殊菩萨相近，手举法杵，骑于六牙白象上，用以象征其德行的"谨慎静重"。普贤与文殊同为释迦牟尼的左右胁侍，通常以三尊像的形式出现。仅以敦煌莫高窟而论，唐代壁画的文殊变、普贤变，多达120余铺，在诸菩萨中，数量仅次于观音，由此足以窥见世人对这两位大菩萨的崇信程度。相传其显灵说法的道场在四川峨眉山。普贤菩萨具有护持"女人往生"的功德，得到广大信女的崇拜，形成独立的信仰，被中国佛教徒奉为四大菩萨之一。

普贤菩萨的造像特点是，其形象与文殊菩萨相近，身着菩萨装，手举法杵，骑于六牙白象上，这是普贤最重要的标志，用以体现其功德的"谨慎静重"和佛法的大悲力。单尊普贤像在寺院中供奉的较多。还有普贤与

普贤菩萨像

明(1368—1644)
高81厘米,宽62厘米,底长36厘米

文殊同为释迦牟尼的左右胁侍的三尊像,即"华严三圣"的组像形式。以普贤为主尊的群像,以美丽的天女作为侍从眷属的"普贤变"多出现于石窟造像中。

这三尊菩萨造像大小、风格一致,因为都没配有标志性的法器,所以只能靠坐骑和宝冠来区分。观音的宝冠中间有一尊小化佛,这是只能观音有的。三尊造像面相丰满端庄,宽颐,脸形呈方圆形,五官位置匀称,双目俯视,表情静穆柔和,整体造型优美,胎体厚重,铸造精良。衣纹是汉地常用的写实手法,自然流畅,质感较强。整体风格受到了明代宫廷造像的影响,是非常典型的明代佛造像。

(马海娟)

大顺铜镜

大顺献忠 乱世枭雄

大顺铜镜纹饰布局精美，双龙十分生动，质地厚重，纹饰流畅自然，造型十分接近唐镜，又有独特的明代风格，在明代铜镜中实属少见，是我国晚期铜镜中较具代表性的作品。

铜镜制作到了明代渐趋衰势，除传统式样外，双鱼纹、双龙纹、人物故事（如柳毅传书等）是较新颖的式样。但这时的铜镜制作粗糙，较多的只有纪年铭文而无纹饰。在这一时期，特别是明代，仿造汉镜和唐镜的风气很盛，所仿铜镜多数是汉代的六博纹镜和唐代的瑞兽葡萄镜，仿制铜镜一般形体较小，纹饰模糊不清，已无汉、唐铜镜的昔日风采。

馆藏的这件大顺铜镜是为数不多的精品。图案分内外两区，外区以花卉连接成灵芝图案；内区为布纹饰巨龙两条，龙身作兽身状尾上下卷，印章式镜钮上有楷书"大顺三年孟夏月造"。此镜纹饰布局精美，双龙十分生动，质地厚重，纹饰流畅自然，造型十分接近唐镜，又有独特的明代风

大顺铜镜

大顺三年（1646）

格，在明代铜镜中实属少见，是我国晚期铜镜中较具代表性的作品。但是最为特殊的还是镜纽上的铭文，这面铜镜的纽上清楚地铸有"大顺三年孟夏月造"七字楷书铭文。中国历史上用过"大顺"年号的皇帝有两位，分别是唐昭宗李晔和明末农民起义军领袖张献忠。唐昭宗大顺年号仅用两年即改元"景福"。张献忠所建的大西政权也使用过大顺年号，前后正好三年。从铜镜的特征来看，也具有比较明显的明代风格，如圆形平顶带铭文的印章式纽等方面。据此，我们可以确定其铸造于明末清初。由于张献忠所建的大西政权延续时间较短，有关这一时期的文物发现不多，而根据铭文，这面铜镜的铸造时间为"大顺三年孟夏月"，大顺三年为1646年，孟夏月即夏历四月，同年冬月，张献忠即兵败身亡，这面铜镜是此前几个月所铸，显得弥足珍贵。大西政权仅存在三年，加上农民起义军的活动范围有限，所以传世文物极少。史载张献忠称帝后曾设立吏、户、礼、兵、刑、工六部，"大顺三年"铜镜的发现对此是一个佐证，当是大西政权工部所属工匠铸造的此面铜镜造型精美，并带年款，为研究张献忠和大西政权的发展提供了宝贵的实物资料。

张献忠（1606—1647），字秉吾，号敬轩，是与李自成齐名的明末农民起义军领袖。他出身贫苦家庭，从小聪明倔强，跟父做小生意，贩卖红枣。初为捕快，进入延绥镇成为边兵。生性刚烈，爱打抱不平，为此几乎丧命。于明崇祯三年（1630）起兵反明，先后征战多年，辗转各地，从黄河流域一直打到长江流域。明崇祯十七年（1644），张献忠攻破成都后建立大西国，称帝并建元大顺。其时清兵已经入关，明朝实际上是名存实亡。大顺三年（1646）冬，清兵由陕西进攻四川，张献忠率军迎击，不料兵败于川北西充凤凰山，其本人也中箭身亡。

  张献忠是明末农民起义的重要领袖。在明末声势浩大、席卷全国的农民起义军中，他领导的队伍卓有战绩，称雄一方，是推翻明王朝统治的重要农民军，也是李自成大败后重整旗鼓的重要借助和支持力量。他骁勇刚毅、慓悍顽强，又多谋善战、机诈幽默。他的起义，反映了革命农民的利益，而他的生活道路，又有明显的农民阶级的缺点和局限性。

（马海娟）

张弼草书《千字文》

疾如风雨 矫若游龙

观张弼草书《千字文》长卷，不难看出他的创作未因长卷纵势空间狭窄而畏首畏尾，而是放笔直写，一气呵成。作品上追张旭、怀素，虽中锋用笔，但暗含章草笔意。结体大开大合，疏密有致，奔放豪迈。章法乱石铺街，变化万千，具有浑然天成的自然美。

张弼生于明仁宗洪熙元年（1425），卒于明宪宗成化二十三年（1487），为松江华庭（今上海松江）人。字汝弼、号东海，晚称东海翁。成化二年（1466）中进士，授兵部主事，进员外郎，迁南安知府，世称"张南安"。他机敏善学，工诗文，擅行书，尤精草书，常与李东阳、谢铎等人交往，著有《东海》《鹤城》诸稿。后人于崇祯年间汇其书作，刻成《铁汉楼帖》。

开封市博物馆馆藏张弼草书《千字文》是1966年从已故收藏家阎仲彝先生处征集得到。全卷通录《千字文》全文，凡169行，共1018字，保存完好，极为珍贵。

唐朝李绰在《尚书故实》记载："梁武教诸王书，令殷铁石于大王书中拓一千字不重者，每字片纸，杂碎无序。武帝召兴嗣，谓曰：'卿有才思，为我韵之。'兴嗣一夕编缀进上，鬓发皆白，而赏锡甚厚。"从而说明《千字文》成文于南北朝时期，是梁朝开国皇帝萧衍因推崇王羲之书法，命大臣殷铁石从王羲之书法作品中选取一千个不重复的字，又命员外散骑侍郎周兴嗣编纂而成的一篇长韵文。

《千字文》全文四字一句，对仗工整，文采斐然。因字体取自王羲之书法，又是奉皇帝之召所制，所以倍受世人推崇，在陈、隋之际已扩散至民间。从宋朝至清末，《千字文》与《三字经》《百家姓》成为影响巨大且流传广泛的启蒙读物，三者合称"三百千"。历代书家对《千字文》亦情有独钟，形成了以《千字文》为创作内容的风尚。

时至今日，有关《千字文》的传世书法佳作虽数量可观，但因狂草长卷的书写强度高，对书家的才情、创作能力，甚至是体力都有极高的要求，故以狂草创作的《千字文》作品极为稀少。

观张弼草书《千字文》长卷，不难看出他的创作未因长卷纵势空间狭窄而畏首畏尾，而是放笔直写，一气呵成。作品上追张旭、怀素，虽中锋用笔，但暗含章草笔意。结体大开大合，疏密有致，奔放豪迈。章法乱石铺街，变化万千，具有浑然天成的自然美。明代著名书法家祝允明对张弼书法赞誉有加，称"张公始者上近前规，继而幡然飘肆。虽声光海宇，而知音叹骇"。长卷落款为"成化十三年孟春之告书于南安郡斋，东海翁"，后钤盖朱文印"汝弼"。

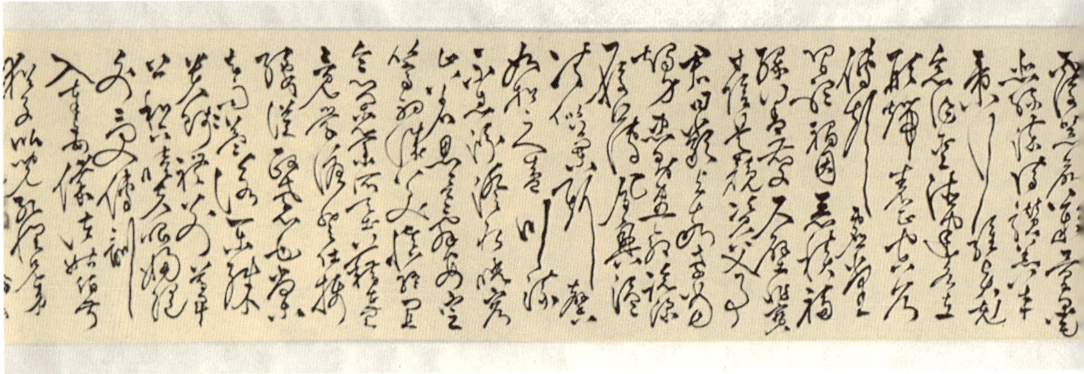

张弼草书《千字文》

明（1368—1644）

长739.5厘米，宽30厘米

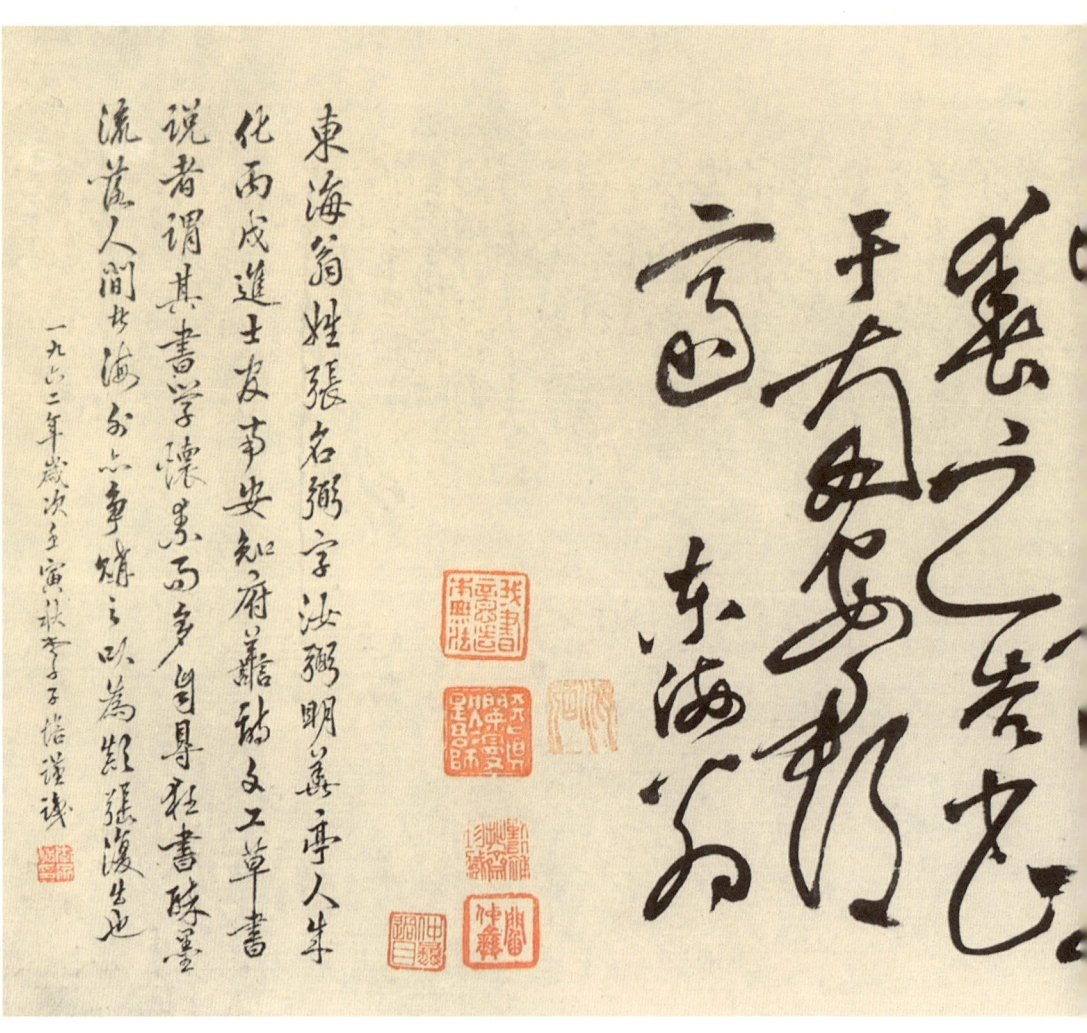

李子培先生题《千字文》跋文

张弼草书《千字文》上共有八方鉴藏印记,有朱文印"勤以补拙斋珍藏""阎仲彝""我书意造本无法""仲彝过目",白文印"天真烂漫是吾师"等。

除此之外,卷末还有开封已故著名书法家李子培先生题写的行草书跋文。李子培先生在民国时期被称为"开封魏碑三大名家"。行草取法"二王",晚年又融黄庭坚、王铎书风,功力深厚。其跋文曰:"东海翁,姓张、名弼、字汝弼,华亭人。成化丙戌进士、官南安知府。善诗文,工草书。说者谓其书学怀素而多自得,狂书醉墨流落人间,北海外亦争购之,以为颠张复出也。一九六二年壬寅秋李子培谨识",后钤盖白文印"李子培印"。

明代有评者认为张弼草书"好到极处,俗到极处"。关于张弼草书之"俗",可以理解为张弼的作品无论从技法和格调都无法与历史上顶级书家抗衡,但这更多是受所处时代的局限。张弼在前朝书风笼罩、台阁体盛行的大背景下,能够大胆冲破藩篱,书出己意,仅此一点就充分体现了他作为艺术探索者的担当和气魄,应该得到历史的肯定。

(付天闻)

王铎书法艺术

纵横恣肆 神完气足

王铎的行草书特别是长条幅草书,以惊人的笔力,奇矫怪伟的体格,浑厚淋漓的笔墨,达到了震撼人心的艺术效果。

王铎(1592—1652),字觉斯、觉之,号嵩樵,又号痴庵,别署烟潭渔叟。生于明万历二十年(1592),卒于清顺治九年(1652),享年60岁。河南省孟津县人,世称"王孟津"。明天启二年(1622)中进士,天启四年(1624)考授翰林院为庶吉士。南明时在金陵被福王授以礼部尚书,并擢为东阁大学士,加太子少保。1645年清兵南下,王铎率文武大臣跪迎清军入城,由此遭受非议。清顺治九年(1652),王铎病逝故里,谥文安。

王铎博学好古,工诗文,擅书法。书法善真、行、草书,世称"神笔王铎"。他的书法与董其昌齐名,明末有"南董北王"之称。他书法用笔,出规入矩,张弛有度,却充满流转自如、力道千钧的力量。王铎擅长行草,笔法大气,劲健洒脱,淋漓痛快。他的墨迹传世较多,不少法帖、尺牍、题词均有刻石。王铎在中国书法史上占有重要的地位,他也工画,善画山水和梅兰竹石。

  王铎书法风格的形成,是有一个发展过程的。王铎自幼酷爱书法,13岁便专攻王羲之《圣教序》,几可乱真,后又学颜、柳、米,40岁之前以继承优良传统为主,博采众长,取其精华。40岁之后,形成自家独特的书法风格,尤其是50岁以后达到了炉火纯青的高度的艺术境界。王铎真草、隶、篆无所不能,而尤善行草书且成就最高。其草书作品不拘绳墨,常于不经意间表现飞腾跳掷、风神洒脱的个性特征,艺术效果强烈,耐人玩味。王铎的传世书法作品,可以分为两大部分:一是临帖,一是诗文应酬。但临帖与创作贯穿在王铎书法艺术发展变化的整个过程中。王铎所临之帖,绝大部分是《淳化阁帖》中的羲、献诸帖。他能继承传统,又能博采众长,取精用宏,其草书在不失"二王"法度的同时又渗入张旭、怀素的气象,把个性发挥得淋漓尽致,在临帖中加上创作的发挥,每一件临帖都不失为一件好作品。从中可见其用功之勤,也可见其学书主张师承来自临古。王铎的行草书特别是长条幅草书,以惊人的笔力,奇矫怪伟的体格,浑厚淋漓的笔墨,达到了震撼人心的艺术效果。下面将馆藏七幅王铎行草书法精品分析综述如下:

  王铎为仲玉同乡书行书条幅,纸本,行书。纵165厘米,横48厘米。此条幅为五言律诗,正文三行,内容为:"今年秋意重,清露漫霏霏。北

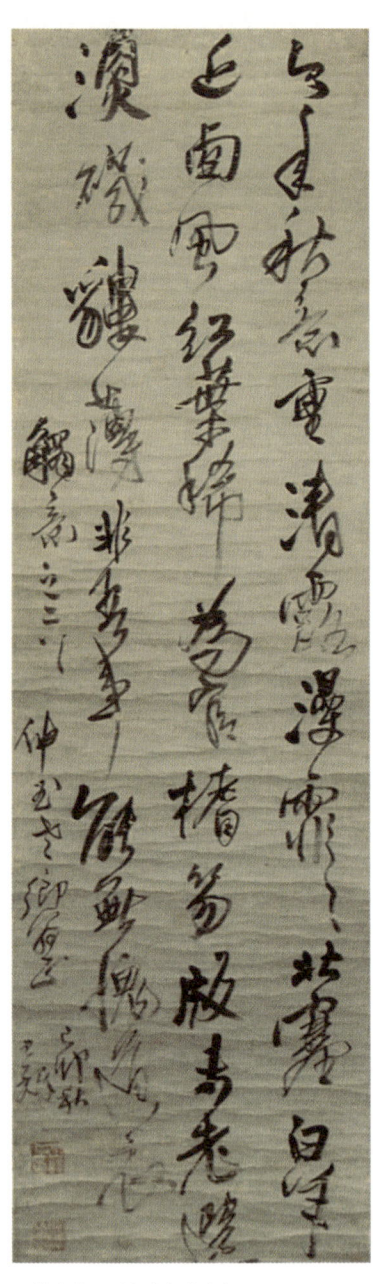 

王铎为仲玉同乡书行书条幅　　　　王铎临《不审帖》行书条幅

塞白羊近，西风红叶稀。为官楮笏版，未老选渔矶。羸薄非吾事，能无愧道衣。"书作气势连贯，神采飞扬。此幅作品写得率意自然，平正崎斜，错落有致。用笔浓淡参差，燥润相映，别有韵致，是王铎行书作品中的代表作，为当代书家所推崇。

王铎临《不审帖》行书条幅，纸本，行书。纵246厘米，横46厘米。此行书正文二行，为临王羲之《不审帖》。内容为"不审夜来服气，何似于常渐散为痢疾故遣使谁参"。此幅书法作品笔势连绵，字间虽连带不多，但笔断意连，行气贯通，运笔流畅。

从以上两件行书作品可以看出，王铎行书书法纵横驰骋，笔力雄健，线条方圆兼备，墨色由浓及淡到枯，层次丰富，行笔走势连贯，字忽大忽小，笔画忽粗忽细，自然率意，无做作之态。起笔、收笔及运行中，轻重、顿挫、起伏变化较大。结体连笔较多，章法错落有致，具有苍郁雄畅之态。他的字使人乍一看来，似乎有些字欹侧倾斜，浓淡悬殊。但深入欣赏，就会觉得字与字之间、行与行之间，浑然整体，一气呵成。局部的不平衡与整体的和谐统一，可以说是有意识追求的艺术效果。

王铎临《敬豫帖》草书中堂，绫本。纵40厘米，横69厘米。此幅中堂内容为临王羲之《敬豫帖》，正文三行，内容为："敬豫在彼，尚未议还，增耿耿。得远嘉兴书，计今必废，喜迟可喻言，迟见此子，真以日为岁。前与嫂求屏风，遂不得答为也。不审复何以永日，多少看未。当采菊不？"该作品为王铎于清顺治七年（1650）所作，笔势险劲奔放，沉雄顿挫，巨幅大作，一气呵成。

王铎临《远嘉兴帖》草书条幅，绢本。纵166厘米，横49厘米。正文三行，内容为："远嘉兴书，计今必度，喜迟可言。松上下十八年，复得一集何极喻。至笃。敬豫未议。"书作瀑飞泉涌，一泻千里。

王铎临《省前书帖》草书条幅，绫本。纵164厘米，横51厘米。此幅书法为王铎临王献之《省前书帖》（古人之作），正文三行，内容为："省前书，故有集聚意，当能果不？足下小大佳。不闻官前逼遣足下甚，想以相体恕耳。足下兄以至广州耶？"所作草书，笔势奔放，墨色飞舞。

以上三幅王铎草书书法，均为王铎临王羲之和王献之的作品。虽系临摹古帖，但不拘泥于原帖之形，笔法上亦不受其束缚，而是挥洒自如，结字用笔，皆出己意。师原帖之意，得其大略，而于法度之外自成一体，独具风格，显示出一种恢宏的气度。

王铎草书条幅（其一），纵178厘米，横46厘米。纸本，正文三行，内容："九月阴寒重，轻沾雨气凄。湿沙迷断雁，泥巷据坚藜。割得秋光去，宠将冷叶齐，飘零霜信早，孤客在风西。"款落"商丘道中，王铎"，钤阴文印三方"王铎道中""王铎""王铎之印""烟潭渔叟"。白文印两方"王

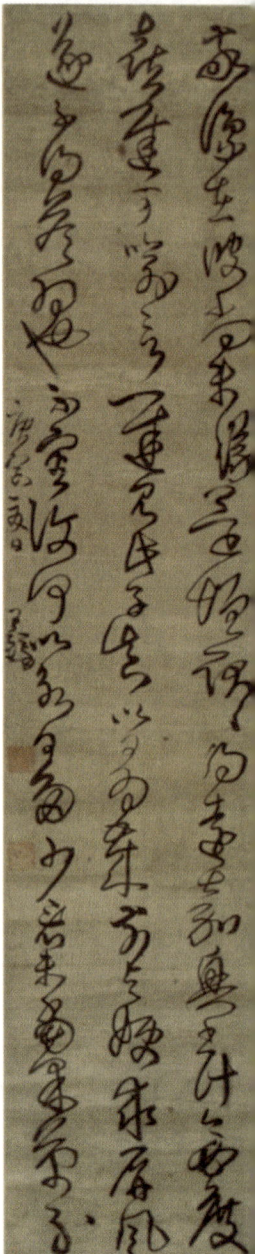

王铎临《敬豫帖》草书中堂

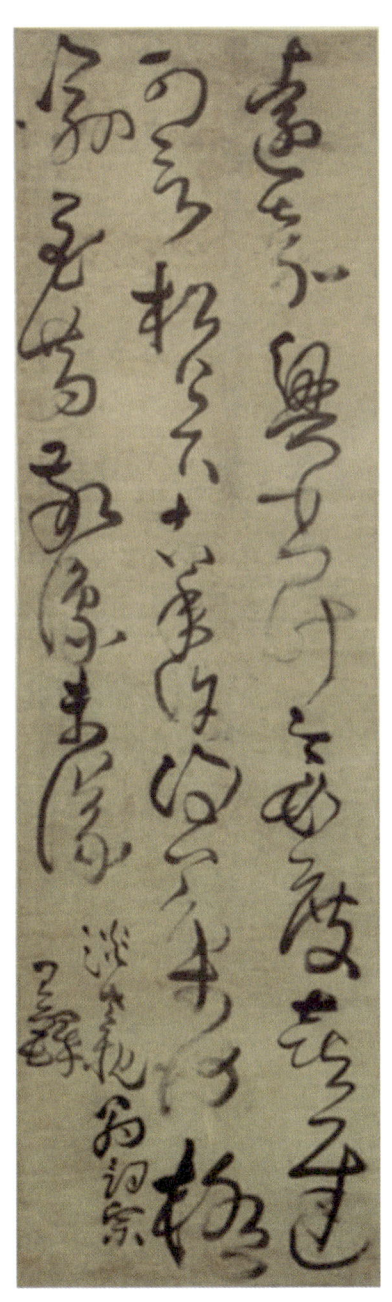
王铎临《远嘉兴帖》草书条幅

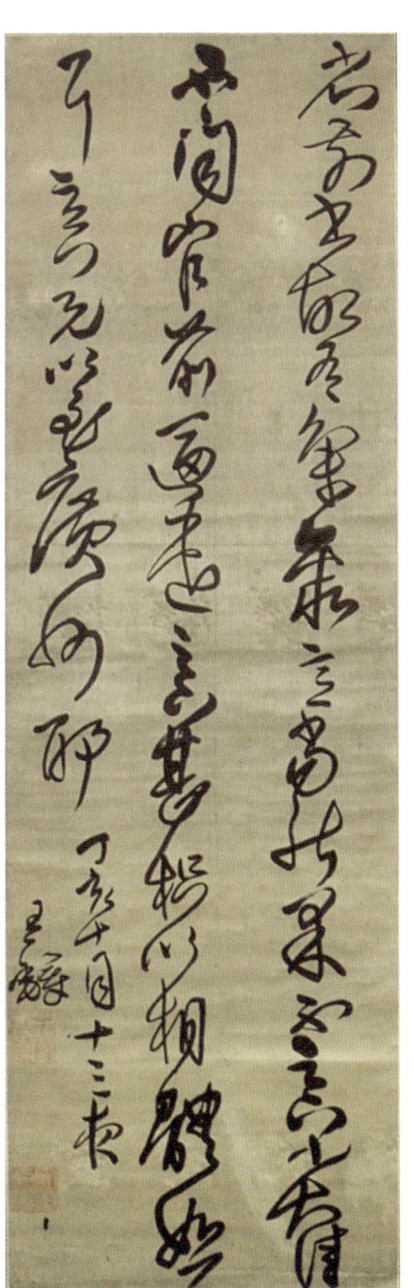
王铎临《省前书帖》草书条幅

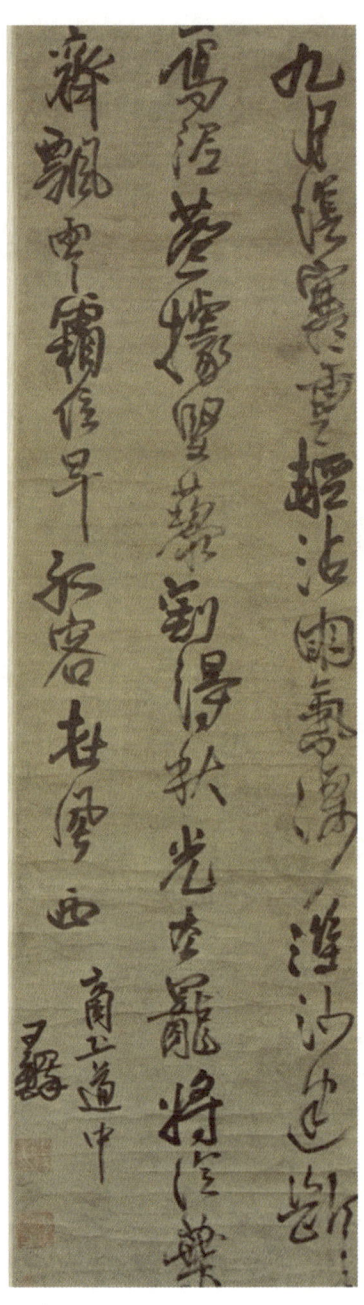 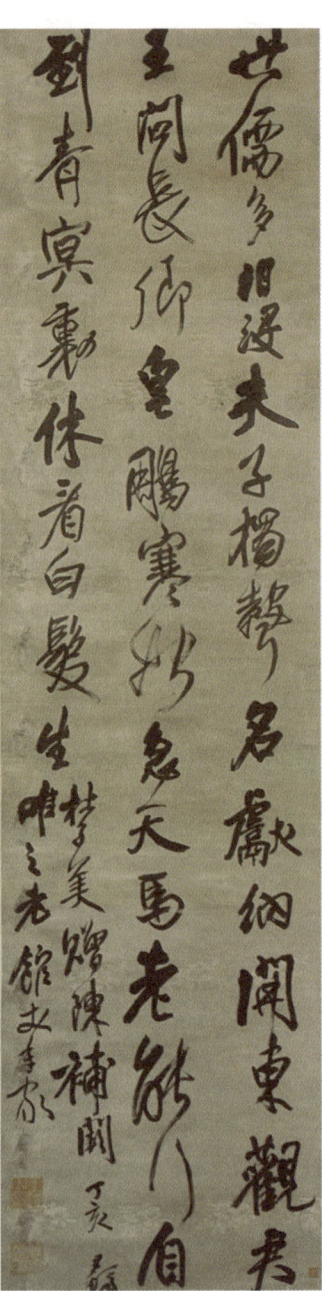

王铎草书条幅（其一）　　　　王铎草书条幅（其二）

铎之印""烟潭渔叟"。书作点画狼藉，气势逼人。

王铎草书条幅（其二），纵203厘米，横51.5厘米。该条幅为五言律诗，正文三行，内容："世儒多汩没，夫子独声名。献纳开东观，君王问长卿。皂雕寒始急，天马老能行。自到青冥里，休看白发生。"款落"杜子美赠陈补阙唯之老馆丈家，丁亥王铎"，钤白文印二方，上方为"王铎之印"，下是"烟潭渔叟"。行笔自然放松，厚重而流畅。

在当时的明清书坛上涌现出张瑞图、黄道周、倪元璐、王铎、傅山等变古出新的书法家。他们以行草彪炳书史，把行草书推向一个新的高峰。其中艺术成就最为卓著者，又对后世产生深远影响的，首推王铎。在他的草书中有一个独特的"一笔书"，即连绵草。王铎连绵草书适宜于六尺以上至丈二的长条巨幅立轴，大多数字笔画相连，字与字之间联结紧密，每三字或五字、十字可连在一起，甚至每一行仿佛一笔到底。其书法笔走龙蛇，飘忽多变。其笔力雄健，悠肆酣畅，神完气足，犹如江河奔腾巨浪，浩浩荡荡，有一种气势磅礴之感，他的技巧已经达到了炉火纯青的地步。以上两幅草书为王铎自创书法作品，起笔陡峻，行笔充实，转笔畅达，落笔大胆果断，方圆尖诸法兼备，刚柔互济，自然生韵，收笔时更是一种力量的表现。用墨浓淡相间，墨色富有层次变化，枯实互应，点画错综，结体长于易位，险峻挺拔。章法大小错落，笔势稳健，放而能收，纵而能敛。是王铎学识、功力、胆识、气魄相结合的艺术结晶。

（崔巧玲）

傅山草书五言律诗轴

字如其人 书为心画

傅山的作品之所以至今仍能给我们带来强烈的艺术感染力,是因为他的创作是精神、文化、修养及勇气的共同参与,是以心在书写。

傅山生于明万历三十五年(1607),卒于清康熙二十三年(1684),为阳曲(今山西太原)人。初名鼎臣,字青竹,后改名山,字青主。号啬庐、丹崖翁等。

傅山出身于书香世家,博学多才,能文能武。他充满侠义之心,青年时因组织联络百余名生员赴京师营救身陷冤案的老师袁继咸而名扬全国,人称"义士"。

傅山以医行世,擅长妇科及内外诸科。他以精湛的医术及高尚的医德救治四方百姓,深受广大人民群众爱戴,被称为"医圣"。傅山精研道家思想,对经史子集、文学诗词、书法绘画、钟鼎文字等领域亦有深入的探索,

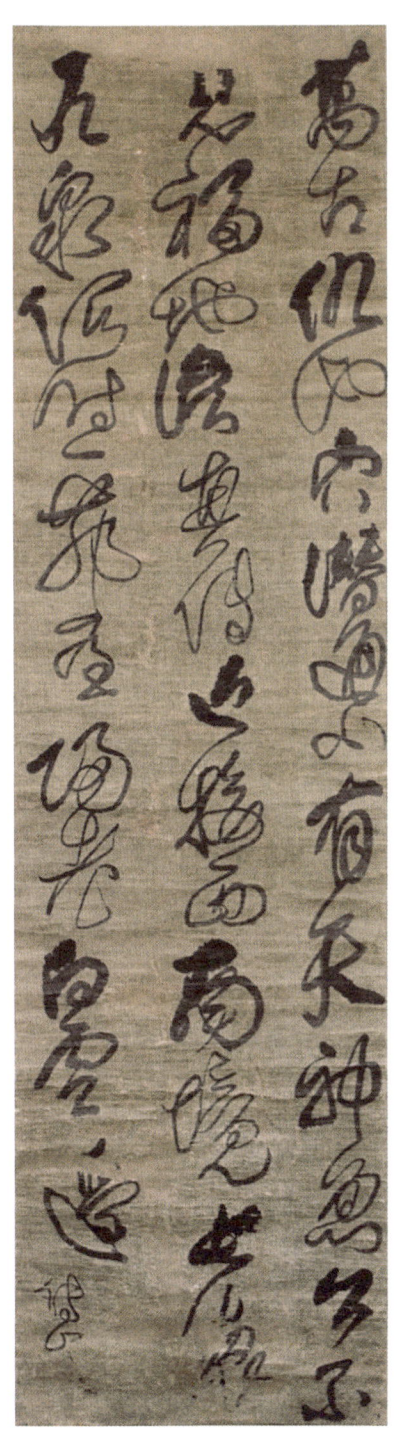

傅山草书五言律诗轴

所提出的"宁拙毋巧,宁丑毋媚,宁支离毋轻滑,宁真率毋安排"的"四宁四毋"书法主张至今仍被广大书家遵循。他与顾炎武、黄宗羲、王夫之、李颙、颜元被梁启超称为"清初六大师",有"学海"之誉。

傅山注重品德修养、民族气节,明朝灭亡后拒绝与清廷合作。为表达对朱明王朝的怀念,他常身着红色道袍,自号"朱衣道人"。又因不向清廷屈服的信念坚如磐石,亦号"石道人"。傅山积极策划武装起义,与顾炎武、申涵光、孙奇逢、阎尔梅等反清志士或遗民学者交往甚密。也正因为参与反清活动,他曾被捕入狱一年,晚年亦拒绝康熙皇帝特别授予的"内阁中书"一职,有《老子注》《庄子注》《管子注》《荀子注》《列子注》《墨子注》《鬼谷子注》《傅青主女科》《傅青主男科》《傅氏幼科》等著作传世。

傅山作为明末个性解放书家的代表,书法诸体皆能。但最能体现其艺术成就,且在书法史上占有极高地位的当属他独创的连绵草书,开封市博物馆馆藏《傅山草书五言律诗轴》无疑是代表此经典书风的传世佳作之一。

此作为绫本，长187厘米，宽48.5厘米。作品以篆隶笔法运笔，一气呵成，奇态百出。盘绕流转的线条错综交织，柔中带刚，浑厚圆劲，粗细对比强烈。作品整体气息酣畅淋漓，狂放不羁，将书法的外拓笔法发展到极致，似龙腾虎跃，气象万千。我们从字里行间能真切感受到傅山对古典浪漫主义思想的继承和国破家亡后激荡的内心活动。明末清初杰出的民族主义者、学者和藏书家戴廷拭称："傅公他先生书法名天下，祖孙父子，一堂授受，如右军大令，各臻其妙。神奇浑璞，时人未必尽知也。黄先生石斋与马先生君常论书，晋唐后，首推公他。"

《傅山草书五言律诗轴》所书内容为唐代杜甫《秦州杂诗》的第十四首。《秦州杂诗》作于唐肃宗乾元二年（759）秋天，也就是"安史之乱"的第五年。杜甫由于对现实的极度失望而放弃了华州司功参军的职务，开始了在西南游历的时光。在秦州期间，他先后创作了二十首描绘当地风土人情的五言律诗以表达忧国忧民之情和展现个人悲惨的人生际遇。此组诗极富鲜明的时代色彩和地域色彩，充分展现了"诗史"的创作风格。

傅山选取创作的原诗内容为："万古仇池穴，潜通小有天。神鱼人不见，福地语真传。近接西南境，长怀十九泉。何时一茅屋，送老白云边。"但傅山所书内容与原诗相比有三字不同，"神鱼人不见"变为"神鱼公不见"，"何时一茅屋"变为"何时一茆屋"，"送老白云边"变为"归老白云边"。这种情况的出现排除诗文版本差异之外，我们可以理解为同样身处乱世的傅山创作此书法作品时与杜甫的内心产生了共鸣，他是在借古抒怀。"茆"与"茅"是通假字，"公"是敬辞，似代表着对一去不复返的"明王朝"的留恋，"归"则希望年老时能重新回归于"明王朝"。简单三个字的变化，诗味似比原作更加浓郁悠长，品味之下使人动容。这充分展现了傅山卓越的艺术创作能力，扎实的文学素养及"反清复明"的人生志向，体现出他高洁的民族精神和对时代的担当，极具特色。此作落款为"傅山"，所钤印章因残破较重，已无从辨识。

傅山此类大尺幅书法作品的创作，除了受明末以来个性解放思潮的影响，亦体现了随着社会的发展进步，"高堂大屋"的出现以及书写工具、材料的不断改良变化。

傅山的作品之所以至今仍能给我们带来强烈的艺术感染力，是因为他的创作是精神、文化、修养及勇气的共同参与，是以心在书写。这些个性强烈，极具人格力量，充满时代感的作品，对中国书坛产生了深刻影响，也激励了后世书家不断地开拓进取。

（付天闻）

何绍基行书七言联

纵逸超迈 醇厚有味

何绍基作品结体开合有度，如行云流水。笔墨节奏、层次变化丰富，极具奇趣，充分展现了何绍基扎实的功力及高超的艺术表现力。

何绍基生于清嘉庆四年（1799），卒于同治十二年（1873），为湖南道州（今湖南道县）人。字子贞，号东洲。道光十六年（1836）中进士，授编修。历任国史馆协修、总纂、提调。典试福建、贵州、广东乡试。咸丰二年（1852）任四川学政。在此期间为革除官场弊病而遭到了权贵们的攻击和诽谤，在位不满三年即被上司以"信口雌黄，肆意妄言"的罪名降官调职，基本结束了政治生涯。何绍基辞官后游历各地名山大川，在济南泺源书院、长沙城南书院等处讲学教书，全身心地投入到文化艺术的探索传播之中。他晚年时主持苏州、扬州书局，主讲浙江孝廉堂，并受曾国潘和丁日昌延聘，校刊《大字十三经注疏》，有《东洲草堂诗钞》《东洲草

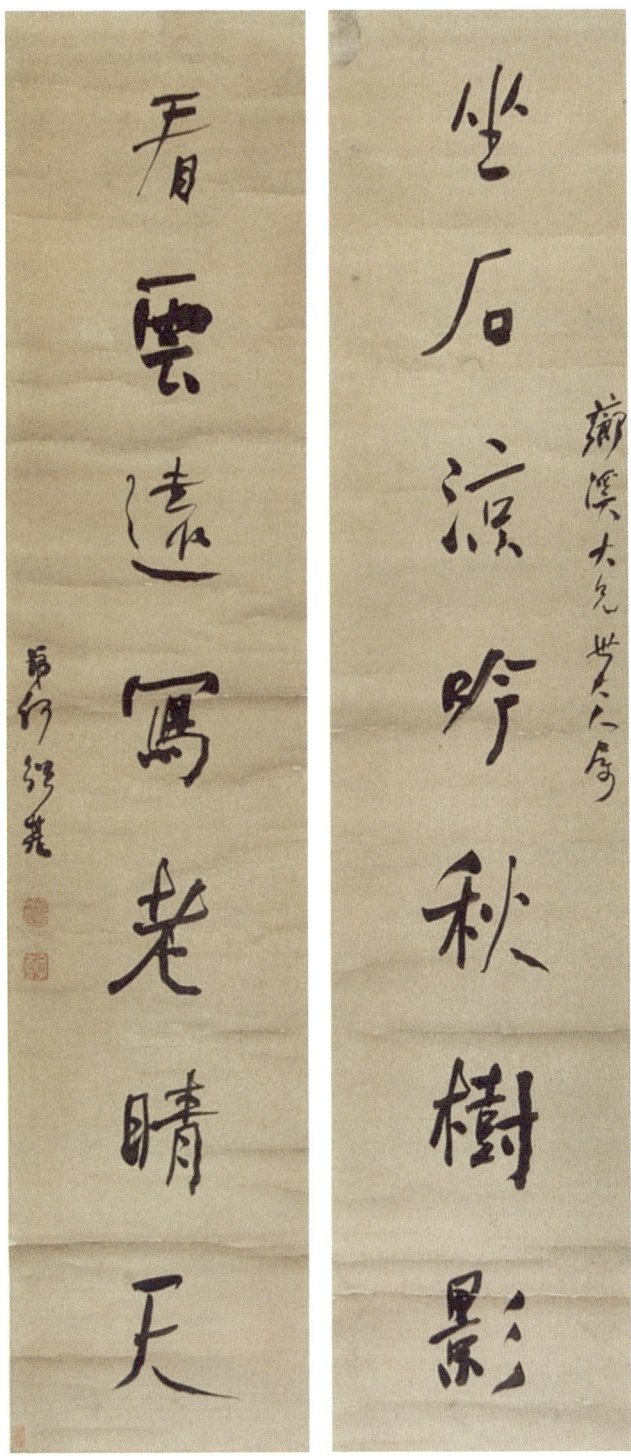

堂文钞》《使闽草》《使黔草》《使粤草》《峨眉瓦屋游草》《惜道味斋诗钞》《金陵杂咏》等著作传世。

何绍基提倡宋诗,亦通经史、精律算、嗜金石,为活跃于道光、咸丰、同治三朝的杰出书法家,被誉为"有清二百年一人",曾国藩称其"字必传千古无疑"。

何绍基书法成就如此之高,除了师从碑学书法领军人物阮元、包世臣等,家庭的熏染亦十分重要。他的父亲何凌汉官至工部尚书,后转至户部尚书。官宦家庭的出身使其见识自然远超常人,与达受、林则徐、吴荣光等文化艺术领域的大家及政治人物多有交往。值得一提的是,何绍基的父亲何凌汉不但身为官宦,亦是书法家、教育家、学者、藏书家。从其传世《行书褚遂良〈枯树赋〉》《呻吟语》等作品可知,何凌汉书法取法颜真卿、欧阳询。何绍基的兄弟何绍业、何绍祺、何绍京的书法与之一脉相承,兄弟四人时称"何氏四杰"。何氏家族后辈善书者亦不胜枚举,由此可见家学对个人发展的重要性。

何绍基作书喜用长锋羊毫及生宣纸,并独创"回腕高悬"执笔法,将碑学书法追求的艺术理念发挥到了极致。其书法篆、隶、楷、行、草五体皆能,皆取得了极高的成就,备受后世推崇。何绍基习字初学楷书,先从颜真卿入手,而后接受碑学思想,对欧阳询、褚遂良及《张黑女墓志》《道因法师碑》用功尤勤。但他并不是在前人基础上亦步亦趋,而是书出己意,且在楷书中融入篆、隶笔法,所以何绍基楷书具有高古典雅、稳健秀逸的独特风貌。正如其自言："余既性嗜北碑，故摹仿甚勤，而购藏亦富。化篆分入楷，遂尔无种不妙，无妙不臻。然遒厚精古，未有可比肩《黑女》者。每一临写，必回腕高悬，通身力到，方能成字，约不及半，汗浃衣襦矣。因思古人作字，未必如此费力，直是腕力、笔锋天生自然，我从一二千年后策驽骀以蹑骐骥，虽十驾为徒劳耳，然不能自已矣。"

何绍基的行书（包括行草书）以其楷书为根基，加入颜真卿《争座位帖》笔势。此类书体最具何绍基个人风貌，也最为大众所称道。开封市博物馆馆藏《何绍基行书七言联》即为代表这一书风的传世精品。此作长128厘米，每联宽30厘米。内容为"坐石凉吟秋树影，看云远写老晴天"，上款为"芗溪大兄世大人属"，下款为"弟何绍基"。作品结体开合有度，如行云流水。笔墨节奏、层次变化丰富，极具奇趣，充分展现了何绍基扎实的功力及高超的艺术表现力。后钤盖朱文印"何绍基印"，白文印"子贞"及鉴藏印"阎仲彝珍藏印"。

何绍基是碑学书法的集大成者，又是碑帖结合书风的代表性书家，"纵逸超迈，醇厚有味"也许是对其艺术风格最为精准的概括。

（付天闻）

清五彩十二月花卉杯

格调高雅　华贵深凝

> 五彩是釉下青花和多种釉上彩相结合的新工艺，五彩以其绚丽的色彩、精湛的绘画、丰富的品类，与当时著名的青花品种争雄。

"康熙五彩十二月花卉杯"，是康熙官窑中的名贵品种，为清宫御用之器。一套12件，一杯一花，将一年十二月份中应时季节的花卉作为杯子的装饰，以寓吉祥。"十二月花卉杯"又称"十二月花神杯"，是根据农历二月"花朝节"的传说，每只杯子的花卉对应一位花神，即历史上的著名女性。五彩十二月花卉杯形如仰钟，其造型特点为撇口，深腹，浅圈足。杯高5厘米，口径6.8厘米，足径2.6厘米，壁厚0.1厘米。杯外底青花双圈内署"大清康熙年制"双行六字楷书款。其纹饰用五彩绘成一年十二月中不同季节的应时花卉，再配以楷书唐代诗句加以赞美。

把一年十二个月盛开的花卉用于瓷器的装饰，并成套烧制，这种创作理念在当时虽然是新颖的，但绝不是偶然的。中国古代，人们在长期的生

一月水仙杯杯身题诗

一月水仙杯

春风弄日来清书，月夜凌波上大堤。

二月玉兰杯

金英翠萼带春寒，黄色花中有几般。

五月石榴花杯

露色珠帘映，香风粉墙遮。

六月荷花杯

根是泥中玉，心承露下珠。

九月菊花杯

千载白衣酒，一生青女香。

十月芙蓉杯

清香和宿雨，佳色出晴烟。

三月桃花杯

风花新社燕，时节旧春浓。

四月牡丹杯

晓艳远分金掌露，暮香深惹玉堂风。

七月兰花杯

广殿轻发香，高台远吹吟。

八月桂花杯

枝生无限月，花满自然秋。

十一月月季杯

不随千种尽，独放一年红。

十二月梅花杯

素艳雪凝树，青香风满枝。

产、生活中接触到自然界的植物花卉，逐渐形成了一系列以花为内容的传说、民间故事、信仰、习俗。传统上的"十二月花神"是根据自然界季节时令，遴选每月最典型的花来代表每月，其司花之神大多是历史和传说中的人物及其故事，如三月桃花神息夫人，四月牡丹花杨玉环等。将人物及其故事联系花卉的形态习性，赋予花卉以人格化的特点，是十二月花神信仰的惯用手法。从民俗上看，每年农历二月十五日左右为"花朝节"。明代，田汝成的《熙朝乐事》记载："花朝月夕，世俗恒言，二八两月为春秋之中，故以二月半为花朝，八月半为月夕。"清代，一般北方以二月十五日为花朝，南方则是二月十二日。康熙、雍正、乾隆年间，每逢花朝节，宫廷都有祭花神、剪彩和赏红等传统习俗。在圆明园乃至承德避暑山庄等处还建有花神庙。其他地区如南京、苏州、扬州等地也设有花神庙。可见无论是南方还是北方，都广泛流传着对十二月花神的各种形式的纪念和祭拜。五彩十二月花卉杯所绘制的主题也是来源于此。

　　五彩十二月花卉杯的创烧成功，与康熙年间《广群花谱》这部农业植物学著作出版有关。康熙四十七年（1708），刘灏等人在明朝人王象晋编撰的《群芳谱》基础上扩充材料，出版了《广群芳谱》，全书共100卷，大多是与实用有关的植物栽培知识，特别是花卉类，除记述每种花卉的形态特征外，还附有相关的历史传记、题跋和诗词等文艺作品。这部著作为五彩十二月花卉杯的出现奠定了理论基础，也为诗、书、画一体的装饰风格提供了艺术基础。

　　格调高雅、华贵深凝的"康熙五彩十二月花卉杯"，胎体轻薄如纸，几近脱胎。造型小巧玲珑、巧夺天工。色彩清新淡雅，釉面细润洁白。更重要的是，制瓷艺人第一次在方寸之间将诗、书、画、印集于一身，体现了古人对多种艺术形式融会贯通、相互借鉴的艺术创作思想。构思巧妙，风格新颖，使人在品味美酒的同时，也能感受到美器的韵味。

  清代是我国瓷器制造史上的黄金时代，同时也是彩瓷高度发展繁荣的鼎盛时期。清代彩瓷，在明代彩瓷的基础上进一步发展，不断创新，工艺上精益求精，取得了许多新的成就，达到了我国历史上彩瓷艺术的高峰。彩瓷品种繁多，烧造工艺精良。其中五彩是明、清两代瓷器装饰最盛行的品种之一。五彩是釉下青花和多种釉上彩相结合的新工艺，盛行于明嘉靖、万历时期，至清康熙时又出现了新的高峰。康熙五彩主要在白瓷上彩绘，少用青花。五彩以其绚丽的色彩、精湛的绘画、丰富的品类，与当时著名的青花品种争雄。康熙五彩所运用的色彩比明代大大增加，除常用的红、绿、黄和紫等彩釉外，还增添了釉上蓝彩、黑彩和金彩。画面显得五光十色、富丽娇艳、光彩夺目。康熙五彩所用瓷料精细，胚胎修正，端正细微，一丝不苟。火候把握恰当，烧造工艺已十分成熟。康熙五彩装饰方面打破了前代五彩勾线平涂的模式，吸收了中国画的构图与技法。强调艺术视觉，突出瓷绘艺术特征，保持了鲜明的瓷绘语言。这些特点在"康熙五彩十二月花卉杯"上得以充分体现。康熙五彩以独具特色的艺术魅力，独步于中国陶瓷艺术殿堂，并对后世产生了深远的影响。

（唐冬冬）

雍正仿官窑瓷两件

师古不泥 工艺精湛

清代历朝仿官窑作品很多，以雍正仿官窑水平较高，所烧瓷器不仅种类繁多，而且造型、胎质、烧制工艺、施釉方法都十分讲究。其仿古器物的烧造，并不是单纯摹古，而是在仿制的基础上，创新求变，从而衍生出新的品种。

  仿古之风始于宋代，当时的文人热衷于通过古器物考证古代的典章制度，且以好古来增添文房清趣，因而兴起了使用铜、瓷、玉等材质仿制古代器物的风气，这种好古的传统发展到五百多年后的清代更是盛极一时。仿古，照字面意思看来，只要是对古代工艺的模仿都可归入仿古的范畴之内。至清代，古代工艺已经发展千年，摸索出各种精密的技术，形成了稳定的审美心理。仿古首先意味着继承，同时也是对古代工艺整理、综合、演绎的过程。如清初著名画家王原祁就说："画不师古，如夜行无烛，便无入路，故初学必以临古为先。"这种说法其实在陶瓷制作中也十分适用。

  清代自康熙、雍正开始，御窑厂就不计工本地从事仿制汝、官、哥、钧等名窑产品。康熙时仿宣德、成化瓷，有史录"与真无二、毫发不爽，诚可谓巧夺天工矣"。雍正年间，宫中还出示所藏古瓷，交御器厂仿制。其实雍正时期瓷器的代表作品既有粉彩、珐琅彩等，也有烧制宋代五大名窑、明朝永宣青花及成化斗彩，成品精良。这些本朝特色的作品和仿古器物作品在陶瓷烧造史上具有同样的地位，都体现了当时的瓷器制作水平。当然，这与雍正皇帝对古窑器物的偏爱有关，当时御窑陶瓷烧造有一个重要的指导原则，就是清代唐英所谓的"厚古不薄今"。这个原则使得景德镇御窑的时代性创作和对历代瓷器名窑精品的仿制同时进行。雍正六年（1728），唐英受命协理景德镇御窑厂的窑务，便开始在景德镇实验烧制宋代五大名窑作品，其后的乾隆皇帝继承了乃父雅爱古器的传统，由此为后世留下了大量出类拔萃的仿五大名窑作品。

清代历朝仿官窑作品很多，以雍正仿官窑水平较高，众所周知，雍正瓷器的烧制从数量上来看，由于仅存13年，上不抵康熙，下不及乾隆，但究其质量，在清代无人能及。所烧瓷器不仅种类繁多，而且造型、胎质、烧制工艺、施釉方法都十分讲究。其仿古器物的烧造，并不是单纯摹古，而是在仿制的基础上，创新求变，从而衍生出新的品种。此时烧制的仿宋代官窑器，釉质多样，莹润凝重，有粉青、灰青等色，在文献中称为"仿铁骨大观釉"。其釉质失透，容易与宋官窑混淆，精致产品中支钉痕为黑色，类汝窑细小的芝麻钉，釉面有片纹，胎也模仿"紫口铁足"特征，仿品一般书有"大清雍正年制"青花篆书款。开封市博物馆也有幸收藏了两件清雍正仿官窑瓷器。

雍正仿官窑双耳扁瓶，该器呈长方形，直口，直颈，溜肩，扁腹外鼓，下腹渐收，圈足，两侧颈部与双肩之间各有一扁条状耳，耳下端呈如意头形，器身满施豆青釉，有较细碎的开片，足上有黑褐色护胎釉，底有青花"大清雍正年制"六字篆书款。釉面莹润，开片清晰，造型古朴，端庄规整，是雍正时期仿宋官窑中之佳品。

雍正仿官窑尊，造型为石榴形，口外撇，束颈，圆腹，圈足，通体施青灰釉，有大小适中的开片纹，开片色泽深重，口部有一周浅酱色釉，圈足四处内敛，施有黑褐色护胎釉，做出了"紫口铁足"的特色，足内有六字双行"大清雍正年制"青花篆书款。此器造型规整、新颖，釉色纯正光亮，开片自然，并颈部巧妙烧造出绳结装饰，就像在脖颈处系了一条丝带，使整个器物更加灵动飘逸。

虽然说雍正仿宋代官窑器比较成功，但实际上和宋代官窑还是有一定差异。首先，釉质的差异。宋代官窑器釉质肥厚，酥光有宝晕，玉质感强。釉下气泡颗粒大而明亮，并累叠密集，如史料所记"聚沫攒珠"。釉色以粉青、天青、炒米黄等色为多。雍正仿宋官窑器釉层较宋官窑稍薄，釉下气泡小而疏，釉表面多透明光亮而欠润泽。釉色以豆青、灰蓝、月白为多，有的甚至接近亮白色。

其次，纹片的不同。宋代官窑器的纹片有大小开片两种，大开片纹痕长而粗壮，甚至在瓷器自上而下呈经线走向一直到底，如一根牛毛一样垂披于臂，因此有"牛毛纹"之称。即使是小开片的瓷器，也不乏有几条较

雍正仿官窑双耳扁瓶

清（1616—1911）
高28厘米，口长径14厘米，口短径8.8厘米，
底长径11.4厘米，底短径10.2厘米

雍正仿官窑尊

清(1616—1911)
高9厘米,口径9.8厘米,腹围53厘米,底径13.4厘米长较粗的纹痕。纹痕的颜色以鳝血、鱼子黄、墨色、油灰居多。雍正仿宋官窑器的纹片较小,纹痕粗细大体相差不大,纹痕颜色比较单调,基本为黑色或浅黑色。

第三,胎色的差异。宋代官窑器的胎色呈灰黑色或深灰色,色很深,故称"黑胎"。其著名的"紫口铁足"特征的形成,完全是由于胎色所致。而雍正的仿宋官窑器,胎色为白色、灰白色和浅灰色,这样的胎色在器口釉薄处和底足露胎处不可能形成紫口铁足,因此雍正仿官窑器在足部多以施酱色釉,来达到铁足的效果。

最后,还有底足的差异。宋代官窑器有薄釉裹足支烧和圈足露胎垫烧两种,前者器底有支钉痕,后者圈足露胎为铁足,足部修胎稍显粗糙,底部无款识。雍正仿官窑器除了圈足施以酱色釉以外,其足修胎十分精细规整,一般都书有"大清雍正年制"青花篆书款。

清雍正官窑仿宋官窑产品的目的是迎合帝王之需,宫廷工艺不存在逐利的欲求,一般都书有本朝款识,但在宫廷御窑的带动下,清代民窑的仿古风气也大为盛行。因为御窑厂的产品只供宫廷需求和帝王赏赐之用,就是皇亲国戚也不能染指,所以官僚贵族所用的优质瓷器,大多来自民窑,这更促进了民窑的仿古之风。历代仿古之风,固然是为了满足上层社会的好古赏旧的需要,但也起了保持和发扬传统工艺特色的作用,因此无论是官窑、民窑都有不少仿古精品。

(赵 龙)

清宫廷漆器三件

百工争巧 千文万华

清代宫廷御用漆器,工艺技术高超,艺术风格鲜明,承袭了历代精华,具有很高的文物价值。这三件清代漆器就是这批藏品中的代表,制作精美、考究,反映了盛世的时代审美气象。

我国是世界上最早发现并使用天然漆的国家,漆的原材料具有耐高温、耐酸、防腐、绝缘等自然属性,坚固耐用,便于保存,在距今7000多年前的浙江河姆渡文化遗址中,已发现了先民用漆的样例。商周时期,人们对漆器有了审美的要求,开始对漆器进行艺术加工,在漆液中加上各种颜料,并以绿松石、螺钿、蚌泡等作镶嵌花纹。战国时期,漆器器物品种和髹饰技法等都有很大的发展,汉代漆器产量之多、规模之大、传播之广是前所未有的。器物的造型及装饰也呈现出新的面貌。魏晋南北朝漆器发掘出土的虽不多,但据文献记载可知当时花色繁多,制作精美。唐代文明高跻当时世界之巅,漆器和其他工艺一样有着特殊的成就,雕漆螺钿、金银

红雕漆勾莲开光山水海棠瓶

清（1616—1911）
口径12.5厘米，高36厘米

红雕漆勾莲开光山水海棠瓶瓶身局部

平脱等技艺已达到很高的水平，髹饰工艺也更为讲究。宋代一向以一色漆器制作精良为世所称，戗金漆和雕漆更是宋代漆艺发展的最高成就，同时为元明漆器的繁荣奠定了基础。元代出现了一批巧夺天工、永垂青史的制漆名家。明清两代则以多种髹饰品种和不同纹、地的变化结合为主要特点，制作规模、工艺技法已经迈向了精、尖的高度，尤以清代宫廷漆器最为突出，大至宫廷典章用品、陈设品，小到生活日用品、文房用品和赏玩用品，无不有以漆器制作。漆器的使用范围已经扩大到清代宫廷生活的各个方面，无论是原料还是技艺，都达到登峰造极的高度。

雕漆即是漆器工艺中的重要品类之一，其制作方法是在木、金、锡器胎上层层髹漆，涂一层干一次，干后再涂，如此反复。少则二三十道，多达一二百层，每髹一道，即放入特制的窨箱内，令漆凝结，髹到所需厚度，始雕刻花纹，故谓之雕漆。雕漆依据漆色或纹饰特点分为剔红、剔黄、剔黑、剔绿、剔彩、剔犀等多样品种。雕漆源于唐，兴于宋，盛于元末，明初乃元之继续，至清乾隆复大盛。自从雕漆工艺问世以来，它不论是在"雕法古拙可赏"的唐代，还是"刀工圆润"的元、明，都深得统治阶级的青睐。清代为了满足宫廷统治者的需要，器物的品种不仅增多，而且雕工技法也达到了空前高超的水平。漆色凝厚光润，刀法锋棱毕露，纹饰追求精细纤巧的效果。

红雕漆勾莲开光山水海棠瓶，木胎海棠形，器足随形而作，附一底座。通体髹朱漆，雕刻云锦纹作地，口沿、圈足及底座边缘刻回纹一周，颈部、足部雕蕉叶纹。腹部四开光，开光内雕不同的山水人物故事图，图中天、地、水各用不同的锦纹表示。山石的刻画，层次清晰，远近分明，立体感极强，人物衣带飘逸、生动自如。蕉叶内、开光间隙处，均雕有缠枝莲。瓶内髹朱漆，瓶底髹黑漆。此瓶造型新颖，纹饰雕刻烦琐细密，精致美观。

剔彩是雕漆工艺中的一种，在器物上用不同颜色的漆，分层上漆，每层若干道，使各色时，便剔去在他之上的漆层，再在需要的漆层上面刻花纹，使作品五色灿烂。历史沧桑，剔彩工艺也几经枯荣，传世作品为数不多，开封市博物馆馆藏乾隆款剔彩寿春开光山水人物盒是乾隆年间雕漆工艺中的佳作。

乾隆款剔彩寿春开光山水人物盒

清（1616—1911）
口径28.5厘米，底径23.3厘米，高12厘米，重1790克

朱漆乾隆款仿古菊瓣盘

清（1616—1911）
口径18厘米，底径11.7厘米，高4.2厘米，重70克乾隆款剔彩寿春开光山水人物盒，木胎，圆形，通体共分三个漆层，最底层为黄色漆层，中层为绿色漆层，最上层为红色漆层，整个器物以黄、绿两色为地，雕饰云锦纹，红漆为主要雕层。在红漆盖面上雕聚宝盆，盆内装有盘长、珊瑚枝、银锭、古钱、犀角、火珠等，盆中升起黄、绿、红三色雕漆锦纹组成的霞光万道。霞光之上压一"春"字，"春"字中上圆形开光内雕老寿星，旁边衬有松柏、蝙蝠、梅花鹿等，寓为"寿春宝盒"之意，"春"字两侧以"卐"字纹打底雕有云龙纹。盒壁在黄绿云锦地上雕八开光，开光内雕"嵇康爱竹""米芾爱石""陶渊明爱菊""王羲之爱鹅""太白爱酒"等人物山水故事。盒里及底部髹黑漆，在底部中心有刀刻填金楷书"大清乾隆年制"六字三行直书款。此盒造型端庄古拙，漆层肥厚，朱漆与绿、黄二漆相互衬托，雍容典雅，纹饰雕刻精细，流畅自然，人物形象栩栩如生，令人喜爱。

夹苎漆器，最早始于战国中期，宋元以后，少见使用夹苎胎，至清代其流行名称为"脱胎"漆器。其制作方法是先用木头或泥土制成器型，作为内模，然后用苎麻布以漆裱上，附于内模，连上数道漆灰料，干实以后，去掉内模，再加上填灰、上漆、打磨、装饰等十几道工序，便制成丰富多彩的各种脱胎漆器。其特点是坚实轻巧，色泽光亮，不易走形或割裂。

古菊瓣盘，盘为菊瓣边，菊瓣足，平心，光素无纹。髹朱漆，漆色似红珊瑚，光亮娇润，壁薄如纸，入手极轻，瓣棱锐利。乾隆皇帝极其喜爱这类脱胎漆器，为此吟咏御制诗三首，分别写在盘、盖碗、盒上，开封市博物馆馆藏的这件菊瓣脱胎盘录有其中一首。盘心刀刻填金隶书乾隆题七言律诗一首："吴下髹工巧莫比，仿为或以旧还过。脱胎哪用木和锡，成器奚劳琢与磨。博士品同谢青喻，仙人颜侣晕朱酡。事宜师古宁斯谓，疑款擒吟愧即多。"款落"乾隆甲午御题"，下刻"乾隆"篆书连珠印，圈足内髹黑漆，刀刻填金楷书"大清乾隆仿古"三行直款。

清代漆器是我国漆器制造的高峰时期，宫廷漆器代表着当时髹漆的最高水平。1980年，故宫博物院拨交给开封市博物馆一批清代宫廷御用漆器，工艺技术高超，艺术风格鲜明，承袭了历代精华，具有很高的文物价值。这三件清代漆器就是这批藏品中的代表，制作精美、考究，反映了盛世的时代审美气象。

（吕淑颖）

清碧玉双兽耳活环炉

端庄肃穆 如琢如磨

此炉造型古朴，技法娴熟，在玉料的选择上也独具匠心，玉色深沉，极似青铜器端庄肃穆的韵味。

玉器生产在我国有着悠久的历史和优良的传统，中国古代玉器自新石器时代至清代，经历了长达六七千年的诞生、成长和发展的过程。清代玉器生产是我国古代玉器史上空前繁荣的阶段，尤其是清代宫廷玉器，其数量、品种、加工技术、装饰纹样等，均处于玉器发展的巅峰时期，其间全盛时期为乾隆时期。乾隆玉器数量之多，材质之美，做工之细，题材之新，均达到前所未有的程度。其中仿古玉器的大量制作，更加烘托了宫廷的庄重气氛。开封市博物馆珍藏的乾隆款碧玉双兽耳活环炉，可谓是清宫仿古玉器中的佳品。

乾隆款碧玉双兽耳活环炉，为清乾隆年间清宫造办处根据皇帝的旨意，

清碧玉双兽耳活环炉

清（1616—1911）
炉高19厘米，腹围58厘米，口径15.4厘米，重3285克

乾隆款碧玉双兽耳活环炉青玉质炉顶

用和阗碧玉仿西周青铜簋的造型做成。炉侈口，束颈，鼓腹，最大腹径在炉腹中部，圈足。双耳为龙形，各套圆环一只，龙张口衔于口沿处，双角作螺髻状，龙身刻画有卷云纹。器身带有扉棱，颈部浅浮雕双龙纹，腹部以扉棱为中线，以云锦纹衬底，浅浮雕兽面纹，两侧作对称排列。最上端为云头形双角，其下为"S"形长眉，眉下有目，目下为云形獠牙，两侧以蜷曲的龙纹作兽身，龙纹为侧身爬行状，龙嘴开启，上唇上翻，龙尾弯曲上卷，生动传神。兽面纹的角、眉、目及身躯等各部位均雕刻有云头纹。圈足矮而外撇，并有"乾隆仿古"四字双行隶书款，反映了乾隆皇帝"返朴还淳"的审美情趣。此炉带盖，盖为红木制成，炉顶为青玉质，以镂雕技法雕琢鹭鸶簇莲纹样。此炉造型古朴，技法娴熟，在玉料的选择上也独具匠心，玉色深沉，极似青铜器端庄肃穆的韵味。

乾隆年间，清军已入关一百多年，政治安定，经济发达，城市繁华，玉雕业蓬勃发展的社会条件完全具备了。另外，清宫养心殿造办处玉作、如意馆以及北京、苏州等地名工荟萃，技艺高超，发展玉雕业的技术条件也完全具备了。尤其是乾隆二十四年（1759），清军平定了新疆回部（天山南路）大小和卓之变，玉材运输的渠道打通了，玉石源源不断地进入内地和宫廷，这对玉雕业的发展是极大的促进。以上这些条件奠定了乾隆时期玉器行业空前发展的繁荣局面，达到了历史的最高峰。宫廷玉器的生产更加具有代表性，不但数量和种类有所增加，造型也丰富多彩，变化无穷。

乾隆皇帝本人非常喜爱古玉，他在大力收集古代玉器的同时，还从即位早年就命玉作工匠按照《考古图》的式样琢制仿古玉器。自乾隆二十五年（1760）开始，新疆地区每年向朝廷纳贡玉料2000千克，玉料的增多促进了玉器制造业的发展。这时，城市经济繁荣，富有的商人、庶民也在购买各式玉器，玉器市场出现供不应求的现象。为了加强竞争，迅速成交，市场上随之出现了样式庸俗、做工粗糙的"俗式新样"，为了扭转、遏制这种"玉厄"现象，乾隆四十年（1775）以后，乾隆皇帝更加大力提倡制作仿古彝玉器，希望借此将制玉业引上古朴典雅之路。通过乾隆皇帝自上而下的干预和引导，仿古玉器得到很大的发展，逐渐成为当时玉器的主流。至乾隆末年，"玉厄"现象基本得到纠正。乾隆仿古玉主要分为两种：一种是仿古彝玉，在器形、纹饰甚至是外部颜色上仿古青铜器，再现了青铜器古朴稳重的艺术韵味。仿古玉器模仿的对象除了商周青铜器，还有《考古图》《博古图》和《西清古鉴》等图录上的样式。仿古玉的主要器型包括玉鼎、玉尊、玉簋、玉卣、玉壶、玉觥和玉炉等，玉质好，多用于陈设；

另一种是仿汉代玉佩饰，佩玉是乾隆仿古玉的另一个重要组成部分，品种极其丰富，造型也多种多样，其中许多器物都是模仿汉代风格并采用镂雕方法，所饰纹样大多是按照汉代玉雕图案构成的。开封市博物馆这件以青铜簋为蓝本的仿古玉炉，器形、纹饰惟妙惟肖，工艺技法也极为高超，甚至连色泽都接近于青铜器上的绿锈，非常精美。

此炉的炉顶，通高4.2厘米，宽5.3厘米，通体采用多层镂雕。顶部由两片荷叶及两根莲藕组成，其中一片向内翻卷的荷叶背面可以清晰地看到阴刻的双直线叶脉纹，近荷叶边缘处分叉；荷叶下面水草穿插交织，水草为立体形，弯曲自如。两对鹭鸶栖息其间，各据一隅，形态各异。有的昂首望天，有的俯身觅食，有的回眸观望，姿态优雅闲适。鹭鸶阴刻椭圆形眼，头部雕刻简洁，身体刻画单细阴刻线象征翼羽，清晰流畅。椭圆形平底，粘合于红木之上。玉质莹润，雕工朴实自然。

所谓"炉顶"，即铜炉、玉炉等香炉炉盖上的纽，其名称来自史籍记载。现在见到的早期玉炉顶为宋金时期的作品。炉顶尺寸不大，做工均极精好，多采用镂雕技法，其下可接木盖。炉顶题材丰富，有鸳鸯卧莲、鹭鸶荷叶、山石人物、祥云牡丹、双螭抱石等，形态各异，具有较高的欣赏价值。炉顶在考古发掘中从宋至明都有出土，在故宫博物院收藏的数百件传世品中，以元代的为最多，雕琢水平也较高。1952年，上海青浦区北庙村元至正十一年（1351）的任明墓，出土了一件青玉鹭鸶荷叶玉炉顶；1974年，北京元大都遗址出土一件鹭鸶荷叶玉炉顶。开封市博物馆的这件玉炉顶与出土的这两件玉炉顶的雕琢技法及时代风格基本一致，结合纹饰、形制、琢工等方面分析，这件炉顶的年代应在元代。

关于炉顶的用途和年代问题早在明代就有过一场争论。明人沈德符在《万历野获编》卷二十六中指出，炉顶应是元代王公贵族的帽顶。同时代的高濂在《遵生八笺》中提到，炉顶与帽顶同时代并存，但未谈及两者各自的形制及区别。那么，这种透雕小玉饰本来就是炉顶，还是源于元人的帽顶呢？

据史载，元朝时候，王公贵族均戴大帽，帽端装饰珠宝玉翠用来表示身份品级的高低，成为当时的风习。至明代中期以后，帽端装饰珠宝玉翠的制度逐渐废除，时人视旧物弃之可惜，而改作他用。明代晚期，一些焚香的香炉由实用器逐渐发展成为珍赏文玩，出于爱惜，为之配置底座和盖便成为风气。在木盖之上加配玉雕提手，使之观赏性更强。所以，当时就出现了专为器盖而制作的炉顶，或改制作精巧的玉帽顶而用的炉顶，不论新玉旧玉，只求与炉的韵致相适。这种风气一直延续至清代。

（崔巧玲）

乾隆御制腰刀

天子御制 谁与争锋

乾隆时期，武功既成，四海安定，虽然佩刀已由主导的战斗功能转向了皇权仪仗功能，但乾隆帝对这四批腰刀的制作颇费心血，造就了这批腰刀的精美绝伦，由此也彰显出乾隆皇帝的艺术品位和人格特质。

  开封市博物馆收藏有一把精美的腰刀，该腰刀是乾隆帝亲自监督、造办处耗时四十七年倾力打造的九十把御制腰刀之一，这些宝刀象征着皇帝的权力和威势，这九十把腰刀，除少量的外拨和流失海外，绝大部分现仍收藏在北京故宫博物院。而开封市博物馆有幸收藏了其中一把。

  刀素有"百兵之胆"的美称，排名十八般武器之首。清代的皇室刀剑集我国古代之精华，在继承和发扬传统技术的基础上，达到了实用性和艺术性的高度统一，最具历史价值和艺术价值。

  清王朝是"马上取天下"的王朝，经历了努尔哈赤、皇太极、顺治、康熙、雍正五代皇帝的苦心经营，到清乾隆时期，国势强盛，疆域辽阔，称为"康乾盛世"。乾隆皇帝崇尚武备，酷爱刀剑，为教育自己的子孙居安思危、不忘祖制，在乾隆十三年（1748），特命清宫内务府造办处制造腰刀九十把，分别以天、地、人为序列号命名，作为永藏。

这九十把腰刀，从乾隆十三年（1748）开始制作，到乾隆六十年（1795）最终完成，前后共分四批。第一批从乾隆十三年（1748）开始，至乾隆二十二年（1757）完成，制腰刀三十把；第二批于乾隆四十四年（1779）完成；第三批于乾隆五十八年（1793）完成；第四批于乾隆六十年（1795）完成。四批腰刀其长度、造型、图记、款识等基本相同，仅护手、刀柄、刀鞘略有区别。乾隆时期，武功既成，四海安定，虽然佩刀已由主导的战斗功能转向了皇权仪仗功能，但乾隆帝对这四批腰刀的制作颇费心血，凡事都要亲自过问、安排。从最初的画样、木样，到刀的数量、名称、年款、纹饰，以及刀的什件、用料、用金量、刀鞘、楠木箱匣和所附皮签上的满、汉文字等，无不按照"谕旨"行事。每完成一道工序，都要交总管太监呈请乾隆帝御览，乾隆帝详细审看后，每每降旨，提出修改意见。正是由于乾隆帝对这四批腰刀的高度重视，造就了这批腰刀的精美绝伦，由此也彰显出乾隆皇帝的艺术品位和人格特质。

开封市博物馆藏的这把腰刀是乾隆御制九十把腰刀之一，腰刀刀体狭长，刀身弯曲，刃部延长，刀身开双血槽，贯穿通体直汇刀尖，刀身锻打纹理细腻流畅，手工研磨锋利，整体刀姿优美。刀身近柄处，一面为"乾隆年制"和一只栩栩如生的兔子，一面为"天字二十五号"和"兔膽"字样，

乾隆御制腰刀

清（1616—1911）
长96.4厘米，宽1.2厘米，鞘宽6.5厘米

年款、铭文都为隶书,技法采用错金银饰法。根据其铭文"天字二十五号",推断该腰刀的制作应在第三或第四批之中。乾隆腰刀的柄分木质缠丝带和玉质两种。馆藏这把腰刀的刀把为玉质,材质是上好的和田白玉,颜色洁白,质地细腻滋润;玉刀把上的莲花纹饰气韵生动、精美绝伦,雕工利落流畅、娴熟精湛。腰刀柄首处穿一条黄色刀穗,穗上应有一颗珠子(现已遗失),珠子上端有圆形包金铜饰三层,上镶有绿松石三十颗,下端有圆形包金铜饰二层,上镶有绿松石二十颗,工艺豪华精美。腰刀的刀鞘为木质,刀鞘上用金桃皮拼组成"人"字形蒙于鞘面上,做工之精细,图案之精美让人叹为观止。

乾隆腰刀均以鲨鱼皮或金桃皮蒙于鞘面,取其"避恶驱邪"和"威严独尊"之意。鲨鱼生活在海洋中,习性凶猛,其皮经过加工再鞣以各种颜色,是很理想的刀鞘面饰。宋代大文豪欧阳修曾作歌曰:"鱼皮装贴香木

乾隆御制腰刀刀身

鞘，黄白间杂鍮与铜。"（《文忠集·日本刀歌》）由于鲨鱼皮上有密密麻麻的粗沙粒状疙瘩，乾隆帝始不知为何物，对皇帝的命名又无人敢纠正，所以档案记载中称"红子儿皮"和"绿子儿皮"。对于金桃皮这种特殊装饰材料的产地，一种说法是，产于我国南方的一种桃树的枝条皮，具体产地不详。其呈金黄色，很像髹有一层金漆，故而得名，选就光滑面，裁成小条作为装饰物。另一种说法是，产于齐齐哈尔的东山里，金桃皮是用来缠武器的装饰品，但并不是人人可用的，是专供"内府"的，内府即皇室。贡品即各地的名优特产，一般某地贡了某一产品，其他地方就不再入贡同类产品。此说有一定的史料依据。金桃皮作为刀鞘面饰，目前仅见于清代，清以前未见使用，史料中也未见记载。

整个腰刀从护手到刀鞘透雕大小不一的龙纹二十个，皆为包金铜地。腰刀护手处有八个。金桃皮刀鞘上有十二个：鞘首饰品呈半椭圆形，两面各两个；中部刀鞘上有两个长条形的箍连接腰间挂袢，两面各一个；鞘插口处饰品呈凹弧形，两面各两个。所雕龙纹的龙首、龙身、龙爪及龙鳞细致入微，形态栩栩如生，仅从数量也可看出皇家腰刀的霸气和超凡。

乾隆御用（或称御定、御制）腰刀、宝剑，是清代冷兵器的代表作，它继承了我国古代刀剑的传统式样和做法，又反映了当时的历史特点和工艺水平。这些刀剑制造工期之长，标准之高，要求之严，在中国历史上是罕见的，且工艺精细，装饰名贵，充分体现了乾隆时期生活的奢侈和富有。

乾隆帝在位60年，除有计划、有规范地制造这四批数量较多的刀剑外，还不断地制造精巧别致、带同样款识图记的刀剑。它们长短大小不一，玉柄、皮鞘变化多端，装饰珍宝斑斓纷华。其中有的是官吏们为讨皇帝喜欢，随时制作；有的则奉御旨，专造专用，并载入国家典籍，《钦定大清会典图》所列乾隆十三年（1748）制的"大阅佩刀"，就属此例，尺寸、制式、纹样等，都以法律的形式固定下来。

这些造型古雅庄重、装饰靡丽美观的御用刀剑，经常在大阅庆典、秋狝隆礼、巡幸省方、命将出征及款洽外藩等重要场合使用，是乾隆皇帝政治活动和日常生活的组成部分。虽历时二百余载，这批刀剑仍尖锐锋利，寒气逼人，不失其夺目的风采，为我们研究清代政治史、军事史，冷兵器的消长和性质，以及金属冶炼和工艺技术等知识，提供了值得重视的实物资料。

（崔巧玲）

《阮元行书中堂》
行为世重 自成高格

阮元为此撰写的《南北书派论》及《北碑南帖论》是其书学思想的集中体现。这两篇文章作为书法史上的重要著述，一举奠定了阮元一流书法理论家的地位。

阮元生于乾隆二十九年（1764），为江苏仪征人。字伯元，号芸台、雷塘庵主，晚号怡性老人。

阮元出身于文武世家。其祖父阮玉堂武进士出身，历任九溪营、卫辉营参将，诰授昭勇将军。阮元五岁学字，六岁进私塾就学。其父亲阮承信虽未参加科举，但为阮元讲"成败治乱，战阵谋略"，并教他骑马和射箭，谓"此儒者事，亦吾家事也"，希望他能文武兼备。

阮元于乾隆五十四年（1789）中进士，选翰林院庶吉士，授编修，擢太子少詹事，入值南书房。乾隆五十六年（1791）受命参与编纂大型内府著录《石渠宝笈续编》。曾任礼部、兵部、户部、工部侍郎，山东、浙江

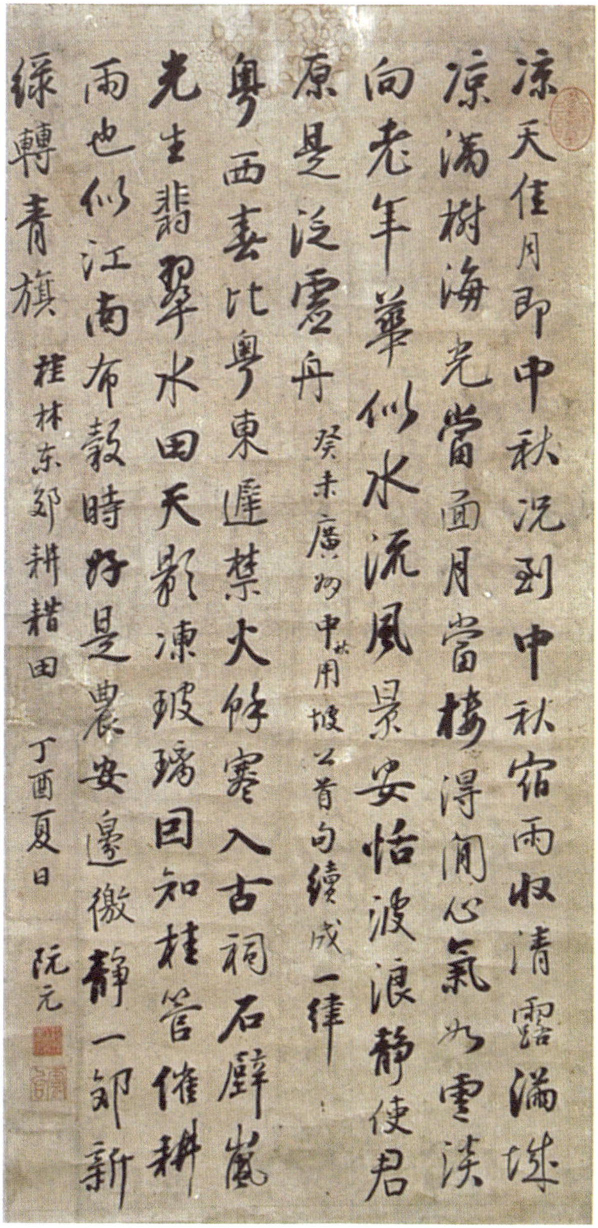

凉天佳月即中秋况到中秋宿雨收清露满堤
凉满树海光当面月当楼得閒心气为云淡
向老年华似水流风景安恬波浪静使君
原是泛云舟 癸未广州中秋用坡公首句续成一律
粤西去比粤东崖叶大馀寒入古祠石壁岚
光生翡翠水田天影冻玻璃回知桂管催耕
雨也似江南布谷时好是农安边徼静一邨新
绿转青旗 桂林东郊耕耤田 丁酉夏日 阮元

《阮元行书中堂》

清（1616—1911）
长106厘米，宽55厘米

学政，浙江、江西、河南、湖广、两广、云贵等多地巡抚、总督，后拜体仁阁大学士，兼理刑部、兵部事务。道光十八年（1838）返扬州定居，临行加太子太保。道光二十九年（1849）卒后谥"文达"。

阮元作为杰出的政治家，有"三朝阁老""九省疆臣""一代完人"之誉。他在数十年的为官生涯中政绩卓著，曾做过平定海盗、剿灭叛乱、兴修水利、禁止鸦片等诸多利国利民的实事。繁忙的政务之余，他执着于学术，有《小沧浪笔谈》《研经室集》《十三经注疏校勘记》《广陵诗事》《畴人传》《皇清经解》等著作面世，内容包含了多个专业领域，可谓"著作等身"。中国现代历史学家、国学大师钱穆对其有"芸台犹及乾、嘉之盛，其名位、著述，足以弁冕群材，领袖一世，实清代经学名臣最后一重镇。咸、同以下，世乱相寻，稽古之业，亦遂衰焉"的高度评价。

阮元是历史上首次将中国书法明确分为"碑""帖"两大流派的理论家，并将碑刻提升到书法的层面，从而拓宽了书家的创作空间，对扭转帖学产生的弊端起到巨大的促进作用。阮元为此撰写的《南北书派论》及《北碑南帖论》是其书学思想的集中体现。这两篇文章作为书法史上的重要著述，一举奠定了阮元一流书法理论家的地位。

阮元身为书法创作的实践者，取法广泛，作品各具风貌。开封市博物馆馆藏《阮元行书中堂》以集王羲之《圣教序》为根基，章法布局紧密和谐，线条爽利精妍，楷书意味浓郁。

作品由两部分组成，第一部分内容为"凉天佳月即中秋，况到中秋宿雨收。清露满城凉满树，海光当面月当楼。得间心气如云淡，向老年华似水流。风景安恬波浪静，使君原是泛虚舟"，落款为"癸未广州中秋，用坡公首句续成一律"，即以苏轼《江月五首》引言部分的"凉天佳月即中秋"为首句展开创作。全诗生动表达了阮元对年华易逝的感叹及对恬淡生活的赞美与向往。第二部分正文书"粤西春比粤东迟，禁火余寒入古祠。石辟岚光生翡翠，水田天影冻玻璃。因知桂管摧耕雨，也似江南布穀时。好是农安边徼静，一郊新绿转青旗"，落款为"桂林东郊耕耤田，丁酉夏日，阮元"，后钤盖白文印"节性斋老人"及朱文印"云台"。从此落款可知这件馆藏文物为道光十七年（1837），即阮元73岁时所作，为其难得的晚年佳作。

阮元在乾隆、嘉庆、道光三朝均身居高位，在多个领域取得了令人瞩目的成就。他辉煌的一生也激励了无数后学者努力向其学习，不断提高自身修为。

（付天闻）

清铜胎珐琅器

华彩重器 皇宫御用

清乾隆时期是我国珐琅工艺发展的鼎盛期,在制作工艺上精益求精,不惜工本,形成了"厚重坚实、金光灿烂"的乾隆时期珐琅器的风格特点,对后世产生过深远影响,是我国的工艺美术史上的一朵瑰丽的奇葩。珐琅器因其数量珍稀,规格极高,素有"一件珐琅器,十件官窑瓷"之说。

珐琅,又称"佛郎""拂郎""发蓝",是以矿物质的硅、铅丹、硼砂、长石、石英等原料按照特定的比例混合,分别加入各种有色的金属氧化物,经焙烧,磨碎制成粉末状的彩料后,再依照珐琅工艺的不同做法,添嵌或绘制于器物表面,经烘烧而成。根据胎地种类,珐琅器一般可分金属胎珐琅、铜胎珐琅、瓷胎珐琅、玻璃胎珐琅、紫砂胎珐琅等。其中,金属胎珐琅器既具备金属贵重、坚固的特点,又具备珐琅釉料晶莹、光滑及适用于装饰的特点。金属胎珐琅器就其工艺方法,可以分为錾胎珐琅、掐丝珐琅、画珐琅、透明珐琅、锤胎珐琅等五个品种。

珐琅器及制作工艺在元代传入我国。至明代,皇家宫廷中开始广泛制

清掐丝珐琅勾莲八卦朝冠耳象足薰炉

清（1616—1911）
高28厘米，口径18.6厘米，腰围70厘米作使用铜胎掐丝珐琅器，其中以景泰时期最有名气，即人们俗称的"景泰蓝"。到清代时，珐琅器因为皇帝的特别喜爱而发展最为兴盛。清乾隆时期是我国珐琅工艺发展的鼎盛期，当时制造了众多涉及宫廷祭祀、陈设和生活用品等各个方面的珐琅器，种类大致有宗教用器皿、餐具、文具、灯具、鼻烟壶、钟表等。在制作工艺上精益求精，不惜工本，形成了"厚重坚实、金光灿烂"的乾隆时期珐琅器的风格特点，对后世产生过深远影响，是我国工艺美术史上的一朵瑰丽的奇葩。珐琅器因其数量珍稀，规格极高，素有"一件珐琅器，十件官窑瓷"之说。开封市博物馆藏的下面四件清铜胎珐琅器，用掐丝珐琅、画珐琅工艺制成，均系清宫旧藏，有极高的文物与艺术价值。

清掐丝珐琅勾莲八卦朝冠耳象足薰炉，该炉为镂空八卦隆鼓盖，盖顶有仰覆莲纹圆纽，折沿口，炉口露铜胎，短颈，扁圆腹，朝冠式双耳，炉底以三象首为三足，通体在浅蓝色釉上掐丝装饰红、蓝、黄宝相花卉纹，腹部中间为大朵宝相花纹。朝冠耳炉是清宫廷中常见的陈设器、实用器，为成对使用，不仅有焚香和美化殿堂的作用，同时也与二觚、二烛台合为佛前五供，是陈设于庙堂之中的高等级供器。清代宫廷笃信佛教，尤以乾隆朝最盛，宫中大小佛堂、佛楼密布林立，各种佛事用品制作频繁，以满足帝后们的礼佛需求，且无不精工细作，代表着当时最高的工艺水准。其中不乏铜器类制品，这件掐丝珐琅勾莲八卦朝冠耳象足薰炉即为典型器物。

清掐丝珐琅多穆壶，通体为带盖的高圆筒形，上部竖立半圆圈云头状

清掐丝珐琅多穆壶

清（1616—1911）

高46厘米，底径13.7厘米，腹围42厘米

清乾隆款画珐琅瓜楞式盖罐

清（1616—1911）
高37厘米，口径9.9厘米，底径12.3厘米的壶冠，盖顶端有一卧狮抚球纽，腹部有一伸曲的兽首衔圆管短流，壶身另一侧以铜球状连环作柄，通身用铜胎錾花把纹饰分为三部分，满饰掐丝勾莲花卉纹，层次分明，纹饰繁缛，色泽艳丽。"多穆"在藏语中为盛酥油的桶。多穆壶为藏族人拌、盛酥油茶的器皿，酥油茶藏语称"恰稣玛"，是将由茶砖熬成的浓茶中，倒入少量的酥油和盐，有的还加入一些味精和牛奶等作料，搅拌至水和酥油交融而成，是一种风味特殊的饮料。多穆壶不仅是普通藏民的生活用品，在藏传佛教中也有着非常重要的意义。明清统治者对藏传佛教颇为重视，在双方加强文化交流的同时，多穆壶这种器物也进入了皇家宫廷，既有日常陈设与实用价值，同时在当时中央政府册封蒙藏贵族或举办高僧法会时使用。清朝统治者，尤其是乾隆皇帝，对藏区的高僧进行大量册封。尤其在平定大小金川以后，确定了清朝在藏区政治上的统一，为了进一步提高主权，尊奉班禅，拜藏传佛教的高僧为国师。在册封的过程中，具有浓郁民族风格的多穆壶就成了很好的法器和陈设品。

乾隆款画珐琅瓜楞式盖罐，该器为瓜楞式，盖上有素胎铜纽，随形做一圈足，器身采用画珐琅工艺，用各种珐琅彩装饰。盖上由云头纹分为两个纹饰带，分别装饰莲瓣和花果，罐身自上而下，由两道连环纹分为三个主要纹饰带，绘饰芒果、葡萄、石榴、荷花等花果图案。盖口沿及罐口沿处鎏金。圈足双栏圈内有"乾隆年制"四字双行楷书款。

清画珐琅鸟兽纹手炉，该手炉呈长亚字形，炉两侧安有鎏金长柄提梁，炉盖上饰镂空鎏金钱币图案；盖边沿及炉身均为粉色珐琅釉地，盖边沿满

清画珐琅鸟兽纹手炉

清（1616—1911）
高15.5厘米，长17厘米，宽14厘米

饰各色卷草花卉纹；炉口沿处錾刻一圈鎏金卷草花卉纹，内填豆绿色珐琅釉；炉腹部饰有各色花卉纹，四面有海棠形开光，前后两面开光内绘山水图案，内有母狮幼狮嬉戏，寓意"家慈有爱，膝下承欢"。手炉内有一随形鎏金铜胆用以盛炭，冬季取暖使用。手炉是旧时中国宫廷和民间普遍使用的一种取暖工具，与脚炉相对而言。因可以捧在手上，笼进袖内，因此又称"捧炉""袖炉"；炉内装有炭火，故也称"火笼"。先民们早就发现可以用火取暖。古人将火种放进陶器具内，称为"火炉"。唐代诗人白居易曾存诗道："绿蚁新醅酒，红泥小火炉，晚来天欲雪，能饮一杯无？"手炉，是在火炉的启发下演化而来的，由炉身、炉底、炉盖（炉罩）、提梁（提柄）组成，相传创始于唐朝，在明清最盛行，清末以后逐渐衰落，至20世纪50年代初，只在江浙一带还有少量生产。这件清画珐琅鸟兽纹手炉系清宫廷贵妇使用的一件手炉精品。

（仝留洋）

清紫檀边框织绣屏风

精雕细琢 巧夺天工

> 清代寿屏完整保存下来的极为稀少,而宫廷旧藏的这件紫檀边框织绣屏风材料珍贵,做工精美,体量较大,保存完整,更属凤毛麟角而弥足珍贵。

清紫檀边框织绣屏风是故宫博物院 1980 年拨交给开封市博物馆的一件文物,属清宫旧藏。该屏风是一套 12 扇的围屏,每扇之间用挂钩连接,可开合,体量巨大,材质珍贵,做工精细,木雕和刺绣内容丰富,是一件不可多得的精品文物。

从该屏风的框架木雕题材以及屏心的画面中可以看出,这是一个典型的祝寿屏。祝寿屏是举行贺寿仪式时送给寿主的礼物,是明清时期贺寿的一种礼仪,在清代十分盛行。例如,康熙皇帝 60 寿辰时,皇子皇孙为其献寿所做紫檀木雕花嵌螺钿锈寿字纹围屏,共 32 扇,正面为皇子皇孙所做诗文,背面为 20400 个寿字。《红楼梦》中贾母 80 大寿中也有寿屏出现,

清紫檀边框织绣屏风

长7米，高3.6米

反映了祝寿屏成为贵族贺寿礼仪的一种社会风气。清代寿屏完整保存下来的极为稀少，而宫廷旧藏的这件紫檀边框织绣屏风材料珍贵，做工精美，体量较大，保存完整，更属凤毛麟角而弥足珍贵。

该屏风屏心为刺绣，正面为通景画——拱寿图，拱寿图两侧为一副刺绣隶书对联，"含和履仁百顺为福，佐时理物六合同春"。中间10扇是画心部分，在米地缎面上绣有虬劲苍翠的龙头松，形态各异的丹顶鹤，此外还有灵芝、流云等，整体画面疏密有致，宏大优美，寓意"松龄鹤寿"。松树属常绿乔木，是地球上最长寿的树种之一，常年青翠，有万古长青的特点，被世人看作是生命长久的代表。自古就有"千年柏万年松""寿比南山不老松"等长寿的寓意。这个画心所绣松树枝干多变，弯曲内含，树干鳞片斑驳，犹如虬龙舒展，是为虬松。丹顶鹤在中国传统文化中被称为长寿仙禽，常与仙人相伴，是为仙鹤，虽然现实中鹤的寿命并不是很长，但是仙鹤仍是长寿的象征，常有"鹤寿""鹤龄""鹤算"等祝寿词。灵芝菌盖表面有一轮轮云状环纹，被称为"瑞征"或"庆云"，是吉祥如意的象征，在道教或者民俗的故事中时常以仙草、"长生不老药"等形象出现，也是长寿的象征。鹤、松树、灵芝组合是象征长寿的典型，鹤处于画面的中心位置，其展开的翅膀与松树的树枝均衡分布，形成动与静的对比，具有很强的画面感，灵芝点缀在画面的边角，用以填充空白，使画面饱满丰富，辅以流云，让画面充满了灵动。这幅画面主要运用的针法有平针绣、滚针绣、打籽绣等，充分利用针法语言，采用应物象形的手法，表现出事物的肌理，在缎面上突现出浅浮雕的厚重和质感，将整幅画面完美的呈现。

屏心背面正中是在红色软缎上运用盘金绣针法绣出 440 个不同写法的篆体寿字，一般称为"百寿图"。两侧为一副金线平绣的对联"宝婺星辉九五福曰寿，蓬莱日永八千岁为秋"。其中"九五福""八千岁"显示寿主身份尊贵。屏心所书"寿"字，是指寿命，活得长久的意思。《说文》中记载："寿，久也。"《韩非子·显学》中所著"寿，命也"。"寿"的产生源于人们对美好生活的向往，在古代社会，生产力低下，医疗水平不高，人的生命较短，人们一直以来都充满热情地向往生命长久。《尚书·洪范》曰："五福，一曰寿，二曰富，三曰康宁，四曰攸好德，五曰考终命。"

百寿图

寿，被置于第一位，没有生命的长久，其他四福也无从说起。所以，祝寿，是中国人从古至今乐此不疲的庆祝话题。

紫檀框架两面皆饰浮雕花纹，正面以群仙祝寿为主题，背面以福寿为主题。雕刻细腻精致，人物形态逼真，构图丰满，主次分明，故事情节突出。

正面眉板皆雕一只蝙蝠倒挂，两只龙头鱼涌上，四周云纹环绕，寓意富贵有余。腰板雕刻有各种吉祥寓意的花草虫鸟。有喜鹊登梅，喜鹊象征好运与福气，梅具四德，象征五福，即快乐、幸福、长寿、顺利与和平，喜鹊登梅以兆好运；有金玉满堂，是将游动的金鱼谐音作"金玉"，金玉财宝堆满堂，表达了人们对财富的美好向往；有鸳鸯卧莲，画面由鸳鸯、荷花、荷叶组成，寓意夫妻相处和好，相亲相爱、白头偕老之意；有年年有鱼，谐音年年有余；有凤栖梧桐，两只凤鸟于梧桐树上一站一卧，神态骄傲，姿态优美；有松龄鹤寿，松干粗壮，圆形松针细密饱满，两只鹤一站一卧，灵芝草于两鹤之间生长，牡丹于右侧斜出，画面饱满优美；有榴开百子，寓意多子多福，另一侧牡丹象征富贵之意；有虎尾兰，因其顽强的生命力且生存时间长，被称为"千岁兰"，象征"百纪千岁，万寿无疆"；

有螃蟹寓意八方招财，纵横天下；"竹外桃花三两枝，春江水暖鸭先知"，鸭乃状元及第之意；有寿桃昆虫，一树寿桃丰润莹洁，花枝叶蔓，螳螂栩栩如生，蝴蝶振翅欲飞，寿桃象征长寿，螳螂活力四射，应有健康长寿之意。

绦环板及裙板皆雕有长寿、升仙的道教戏曲神话人物故事。在明清时期，戏曲是节庆、寿庆的一个重要表演，例如，乾隆皇帝80大寿，全国各地戏曲进京献寿，京剧便由此诞生。因为道教躲避现实的用心、追求长生不老的思想和道教神仙人物喜庆的象征，所以这种道教神仙戏曲成为生日庆祝的常演曲目。这些道教故事在元、明、清三代经过戏曲的演变，已经形成了比较完整的戏曲故事情节，随着戏曲的广泛传播，这些道教故事深入人心，影响了很多其他艺术形式，木雕就是其中之一。明清时期也是木雕发展的灿烂阶段，木雕作品广泛应用在建筑、家具、室内陈设等方面，题材多为生活风俗、神话传说、历史典故、戏曲故事等，具有独特的艺术魅力，同时也反映出时代风尚，深受当时社会欢迎。例如，裙板画面中不断出现小童或者猕猴手捧仙桃敬上的情节，是群仙祝寿的场景，表达了凡人寿诞与神仙共享之意，这是明清戏曲中神仙庆寿的一种表达方式，这样的场景出现在木雕工艺中，使整个木雕家具都透露出一种祝寿的氛围，充分表达了这架屏风为祝寿而作的意义。道教戏曲故事在祝寿屏的木雕花板上的体现一方面反映出戏曲文化对木雕艺术的影响，另一方面反映出道教长寿升仙思想对中国寿文化的一种影响，也表达了人们在享受了人间的荣华富贵之后企图超越尘世、追求更高人生境界的一种愿望。

正面眉板

喜鹊登梅

金玉满堂

凤栖梧桐

年年有鱼

鸳鸯卧莲

榴开百子

松龄鹤寿

虎尾兰

螃蟹

鸭

寿桃昆虫

天台遇仙

　　这架祝寿屏上，雕有道教神仙戏曲故事的花板共20块。其中刘晨、阮肇天台遇仙讲述了刘晨、阮肇上山采药，入天台遇仙女为配，获得长生不老药的故事，是清代戏曲《长生乐》的主要内容；圯上授书表现的是张良于圯桥之上给一位老人拾鞋、穿鞋的情节，这个故事中的老翁为黄石老人，后传奇书与张良，终助张良功成名就，赤松子和黄石老人是清代戏曲《双捶记》的主要人物；赤松子成仙，讲的是赤松子未成仙之前到天台去牧羊，一去不回，他的哥哥找他40年，后来感动了神仙，让他们兄弟二人团聚，哥哥问起羊去哪里了，赤松子用手一指，山坡上的白色石头化作羊群，后

圯上授书

赤松子成仙

老子骑青牛西出函谷关

南极仙翁

东方朔偷桃

王母娘娘

观棋烂柯

刘海戏金蟾

二人皆得道成仙的故事，赤松子是《赤松记》里的主要人物；东方朔偷桃是一人手捧仙桃的形象，讲的是东方朔偷吃王母娘娘的仙桃，食后成仙的故事，在清代戏曲《双福寿》、杨继中的《偷桃献寿》、无名氏的《东方朔》《东方朔偷桃记》等，诸多戏曲中都有体现；老子骑青牛西出函谷关，写成《道德经》，终为道教始祖，是戏曲《函谷关》的主要内容；南极仙翁即是我们经常说的老寿星，是一个脑门高耸，手持拐杖，喜气洋洋的老翁形象；住在瑶池，有青鸾伴驾的王母娘娘等，这些神仙在《瑶池宴》《诸仙庆寿记》《蟠桃三祝》《蟠桃宴》等神仙祝寿作品中都是主角。观棋烂柯表现的是一个小童上山砍柴，看见两位老人下棋，就在一旁观棋，一局未了，

和合二仙

斧头柄已经腐朽了；刘海戏金蟾表现的是一个小童手持一串铜钱调戏一只三足金蟾，故事中的金蟾是蟾蜍修炼成仙后幻化而来的，最终助刘海得道升仙；和合二仙表现为两位老人为男女姻缘忙碌的故事，这个题材是传统木雕中常见的题材，寓意"夫妻和合，婚姻美满"等，这些故事人物都是神仙祝寿剧里常出现的人物，都是给人们带来吉祥的象征。

紫檀边框背面绦环板、眉板、腰板皆为纳福长寿纹，裙板皆为五福捧寿纹，线条流畅，构图清朗简洁。

该屏风体量巨大，框架为紫檀木，材质珍贵，构图丰满，线条流畅，画面瑰丽，布局平衡，工法精湛娴熟，是木雕中的精品；屏心采用刺绣工艺，画面清朗，色彩文雅，绣工精细，构图疏朗秀逸，是明清屏风中不可多得的精品。

（吕淑颖）

腰板皆为纳福长寿纹

裙板皆为五福捧寿纹